Lead More, Control Less

관행을 뒤집게 해주는 8가지 고급 리더십 스킬
Lead More, Control Less

발행일	2019년 1월 30일
지은이	마빈 웨이스보드, 산드라 제노프
옮긴이	이영숙, 김정수
발행인	문형식
발행처	얼라인드 북스
	서울특별시 서초구 신반포로 47길 105(얼라인드 빌딩 3층)
	전화. 070-7558-4331 팩스. 02-3443-4331
등록번호	제2016-000058호
등록일자	2016년 3월 17일
인 쇄	라인
가 격	15,000원
ISBN	979-11-964019-3-1 03320

LEAD MORE CONTROL LESS

Copyright ⓒ 2015 by Marvin Weisboard and Sandra Janoff
All rights reserved.

Korean translation copyright ⓒ 2019 by ALIGNED Books
Korean translation rights arranged with Berrett-Kohler Publishers, Inc through EYA(Eric Yang Agency).

이 책의 한국어판 저작권은 EYA(Eric Yang Agency)를 통해 Berrett-Koehler Publisher's Inc.와 독점계약한 얼라인드 북스에 있습니다. 저작권법에 의해 한국 내에서 보호를 받는 저작물이므로 무단전제와 무단복제를 금합니다.

Lead More, Control Less

관행을 뒤집게 해주는
8가지 고급 리더십 스킬

마빈 웨이스보드 . 산드라 제노프 지음
이영숙 . 김정수 옮김

얼라인드 북스

목 차

왜 이 책을 읽어야 하는가?   Ⅶ

들어가는 말: 자기통제가 가장 좋은 통제방식이다   1

1. 사람을 통제하려 하지 말고, 구조를 통제하라   6
2. 모든 사람이 책임지게 하라   18
3. 불안 속에는 신나는 일이 숨어 있다고 생각하라   32
4. 개인적으로 받아들이지 않도록 하라   50
5. 싸우지도 말고, 도망가지도 말라   62
6. 반드시 참석해야 할 사람이 참석하게 하라   78
7. 코끼리 전체를 경험하게 하라   92
8. 암묵적인 합의는 표면으로 드러내라   108

에필로그: 120

    참고자료   123
    감사의 글   127
    저자 소개   129
    옮긴이 후기   133
    옮긴이 소개   136

왜 이 책을 읽어야 하는가?

리더십에 대해 정의하고 있는 책은 수도 없이 많다. 이 책에서 우리는 여러분이 어디에서도 본 적이 없는, 전통에서 벗어난 관점에서 리더십을 생각해보게 할 것이다. 여러분에게 잘 적용되었던 것이 무엇이든 그것을 대체할 의도로 이 책을 쓴 것은 아니다. 오히려 이 책에서 소개하는 8가지 스킬은 그동안 여러분이 사용해온 리더십에 추가해서 사용할 수 있는 것들이다. 이 스킬들은 습관적인 관행들을 뒤집을 수 있는 또 다른 리더십 대안이 되어줄 것이다. 통제의 필요성을 줄이면서도 훨씬 높은 성과를 달성할 수 있는 방법이 무엇인지에 대해 여러분들에게 보여줄 것이다. 역설적이게도 이렇게 함으로써 여러분은 이전보다 훨씬 많은 통제권을 얻을 수 있을지도 모른다. 이 책을 읽는 여러분이 비즈니스 조직이나 정부기관에서 일을 하든, 아니면 교육계나 사회 서비스 조직에서 일을 하든, 이 8가지 스킬은 여러분의 리더십 레파토리를 더 풍부하게 해줄 것이다. 오랜 활동을 통해 우리가 믿게 된 것은 가장 신뢰할 수 있는 통제방식은 자기통제라는 것이다. 여러분이 자기 자신 안에서 더 많은 것을 발견할수록 다른 사람들이 그것을 실행하게 하는 것은 더 쉬워진다. 자신에 대해 더 많이 알수록 행동에 대한 여러분의 자유와 자기확신, 여러분에게 의존하고 있는 사람들에 대한 권위를 더 확대해 나갈 수 있다.

**우리가 목표로 하는 것은 통제를 줄이면서 오히려
더 많은 통제권을 얻을 수 있도록 도움을 주는 것이다.**

우리가 처음부터 이런 생각을 한 것은 아니다. 이렇게 하라고 학교에서 배운 것은 더더욱 아니다. 지역사회나 비즈니스 조직, NGO단체, 아프리카, 아시아, 유럽, 인도, 뉴질랜드와 미국에 있는 유엔조직들을 대상으로 전략기획 워크숍을 진행하면서 이런 교훈들을 얻을 수 있었다. 우리는 사람들이 스스로를 동기부여 할 수 있는 구조를 만들었다. 그들뿐만 아니라 우리 조차도 한 때는 불가능하다고 믿었던 것을 하도록 수천명의 사람들을 지금은 이끌고 있다. 그들은 민족성, 문화, 나이, 직업, 직책, 사회적 위치, 종교, 세상을 보는 관점, 성별에 있어 모든 것이 다른 사람들이었다. 그러나 그들에게 역할을 맡기자, 그들은 전문가가 디자인한 것 보다 더 장기적으로 영향을 미칠 수 있는 계획을 만들어냈다.

여러 명의 최고위층 임원들이 자신들도 비슷한 결과를 경험했다고 이 책에서 털어놓고 있다. 우리는 그들이 경험한 것과 우리가 경험한 것을 토대로 아주 간단한 3가지 원칙을 만들었다.

- 자신의 경험을 강제로 주입하기 보다 사람들 스스로 개인적인 경험을 만들어갈 수 있도록 한다.

- 사람들을 통제하기 보다 그들 스스로 자신들의 일을 조정하고 통제할 수 있는 구조를 만들어준다.

- 사람들의 행동을 바꾸려고 애쓰기 보다 그들이 충분히 상호작용할 수 있는 조건을 바꿔준다.

이 원칙들을 토대로 불확실한 현실에서 다른 사람들을 리드하고 자신을 관리하게 해주는 8가지 스킬을 이 책에서 소개하려고 한다. 가끔 우리는 학습 과정에서 사람들이 과도하게 자기훈련에 몰입하는 것을 발견하기도 한다. 여러분은 어떤가? 책이나 강의만으로 고급 스킬을 우리 안에 내재화 할 수 는 없다. 반드시 실습이 필요하다. 만약 여러분이 리더라면, 자신도 잘 모르는 상황에서 운영해가야만 할 때가 있을 것이다. 이 8가지 스킬을 적용하면 익숙하지 않은 상황에도 쉽게 대응할 수 있다. 자기통제를 직접 실행해보라. 다른 사람들도 그렇게 할 수 있다고 기대하라. 그리고 사람들이 자신의 최선을 다할 수 있는 방법을 발견할 수 있는 조건을 만들어주도록 하라.

Lead More, Control Less

들어가는 말

자기통제가 가장 좋은 통제방식이다

20세기 동기부여에 대한 발견 중 가장 의미 있는 것 가운데 하나는 스스로의 업무를 통제하고 조직화 하는 사람들이 그렇지 못한 사람들보다 뛰어난 경제적 성과와 사회적 업적을 만들어 낸다는 것이다 리더 자신들은 부정할지 모르지만 리더들은 결과를 만들어 내기 위해 애쓰기보다 다른 사람에 대한 통제를 더 좋아하는 것처럼 행동할 때가 있다. 어떻게 알 수 있냐고? 그들은 상부로부터 조정과 통제를 받아왔다. 그러나 그들은 다른 대안이 될 수 있는 자신들의 내면에 대한 통제는 경험해보지 못했다.

1990년대에 대규모 전략기획 회의를 여러차례 진행하면서 우리는 통제보다 결과를 더 중시했다. 참석자들의 경험과 열망을 담은 계획을 수립하기 위해 수십 명에 이르는 사람들을 통제할 수는 없었다. 모든 사람이 같은 목표에 집중하게 하고, 자기 스스로를 잘 관리할 수 있는 구조를 만들어준 다음 뒤로 물러나줄 때 가장 좋은 결과를 얻을 수 있다는 것을 이런 활동을 통해 발견할 수 있었다.

위에서 말한 방식으로 리드하는 것은 상상했던 것 보다 훨씬 어려웠다. 가장 큰 도전은 우리 자신을 통제하는(물러나기, 기다리기, 들어주기, 길을 열어주기, 스스로 역량을 키울 수 있게 해주기) 것이었다. 자기자신을 스스로 통제한다는 것은 더 높은 기준을 세우는 것을 의미했다. 우리는 새로운 리더십을 시도해보기로 했다. 그러려면 그동안 물려받은 관행들을 모두 뒤집어야 했다. 새로운 시도의 결과가 일관성 있게 나타나는 것을 보고 자신감이 점점 더 커짐에 따라 우리는 리더들에게 새로운 방식으로 리드해볼 것을 요청하기 시작했다.

지금까지 수천 명의 리더들이 이 책에서 제시하고 있는 '고급스킬'을 (당신이 가지고 있는 레파토리에 새로운 스킬을 추가한다는 의미에서의 '고급') 사용할 수 있도록 도와주었다. 이미 여러분이 잘 사용하고 있는 방법을 이 책에서 소개하는 '고급스킬'로 대체할 필요는 없다. 그러나 이 가운데 당신이 처음으로 시도해 보는 것이 있다면, 계획을 세우고, 조직화하고, 동기부여하고 통제하기 위해 그 기술을 사용한다면, 당신은 오래 유지해온 관행을 뒤집을 수 있을 것이다. 이 8가지 핵심스킬은 그동안 반복해서 적용하는 과정에서 나온 것들이다. 이 책을 읽는 당신도 우리가 만든 리스트를 얼마든지 확장할 수 있다.

이 스킬들은 서로를 강화시켜주면서 어디서든 사용할 수 있게 해주고, 사람들이 할 수 있다고 꿈꿔왔던 그 이상을 이뤄낼 수 있도록 사람들을 이끌어주었다. 가장 큰 장점은 어떤 상황에도 적용할 수 있다는 점이다. 당신이 시험해보겠다고 결심만 하면 얼마든지 가능하다.

하지만 당신은 그럴 마음이 있는가?

50여년 전에 MIT 공과대학교 교수였던 도널드 맥그리거는 역대 최고의 베스트셀러로 자리매김했던 '기업의 인간적 측면'이라는 책을 써서 세상에 반향을 불러일으켰다. 이 맥그리거 교수가 바로 그 유명한 XY이론의 창시자이다. 맥그리거는 인간의 본성에 대한 우리의 가정이 우리가 리드하는 방식을 결정한다고 했다. X이론에서는 대부분의 사람들은 의존적이고, 일하기 싫어하며, 엄격한 감독을 필요로 한다고 가정한다. Y이론은 대부분의 사람들은 일을 즐기고, 배우려 하며, 책임지는 것을 좋아한다고 가정한다. 두 이론 모두 자기 충족적 예언의 특성을 가지고 있다. 통제가 심할수록 업무는 더 제한

되며, 스스로 판단할 기회가 적을수록 더 무력해지고 미숙해지며, 더 의존적이 된다.

"우리 직원들은 어린 애들처럼 행동한다"고 사장은 말한다. 반면에 "사장은 우리를 어린 애처럼 취급한다"고 직원들은 말한다.

반대로, 분별력 있고 폭넓은 기량을 갖춘 사람, 정확한 정보와 성장기회를 가지고 있는 사람은 자기자신의 동기를 높일 줄 안다. 우리는 이 두 이론의 씨앗을 가지고 태어난다. 아기들은 무력하고 의존적인 상태로 세상에 나오지만 호기심을 가지고 열심히 배우려고 한다. 무의식적인 상황에서라도 X이론이 조직을 지배하면 역기능적인 정책과 절차, 구조가 만들어진다. 이렇게 되면 리더들이 심어주고 싶어하는 행동들은 좌초하고 만다.

반면에, 우리는 세계 여러 곳에서 Y이론의 가정에 따라 행동하는 사람들을 많이 보아왔다. 그러나 그들도 올바른 조건이 주어지면 원래 태어날 때부터 자신이 가지고 있었던 자연적인 충동을 재발견하게 된다. 그 충동들은 관습에 얽매이지 않은 규정과 절차, 구조들에 의해 키워진 것들이다. 사람들은 자율성과 자신을 성장하게 해주는 일에 잘 반응을 한다. 구조화 한다는 것은 누가 어떤 일을 할 결정하는 것을 말한다. 그것이 바로 당신이 통제할 수 있는 것이다. 직무기술서에 정해진 일만 하는 것이 아니라 그것을 훨씬 넘어서는 일들도 주도적으로 도전할 수 있도록 직원들을 격려하는 것이 포함되어 있다. 위에서 아래로 커뮤니케이션 하는 것뿐만 아니라, 아래에서 위로, 그리고 수평적인 커뮤니케이션이 가능하게 해주는 것을 의미한다. 이런 구조에서는 관리자가 하는 역할이 코치의 역할로 바뀐다. 또한 자기 부서만 생각하는 사일로(Silo)에 갇혀 있지 않고, 관련 부서들이 한 자리에 모여서 회의를 해야 한다는 주장이 나오게 된다.

조직 안에서 일어나는 갈등 대부분은 구조적인 문제에서 비롯된다. 사람들은 자신이 맡은 직무가 요구하는 방식에 맞게 행동한다. 영업직원들은 대인관계 스킬을 아주 중요하게 생각한다. 그래서 비즈니스 이야기를 시작하기 전에 소소한 이야기에 먼저 시간을 보낸다. 생산부서에 근무하는 직원들은 그들이 다루는 기계에 대한 관심이 많다. 그렇기 때문에 그들은 소소한 이야기에 시간을 보내지 않고 문제해결로 바로 들어간다. 이런 구조적인 면을 고려한 전략은 각 부서가 가지고 있는 차이점을 인정할 수 있게 해준다. 이 전략에는 사람들을 임명하여 여러 역할들을 통합할 수 있게 하고, 프로젝트 코디네이터를 정하고, 제품전담팀을 만들어 주기도 하고, 문제해결을 위해 한시적으로 활동할 수 있는 과제해결팀(Task Force Team)과 같은 복합기능팀(Cross-functional) 구조를 짜주는 것들이 포함되어 있다.

최적의 구조를 만들려면 리더십이 있어야 한다

이 책에는 다음과 같은 스킬들을 개발할 수 있는 방법들이 자세히 소개되어 있다.

- 통제를 줄임으로써 더 많은 통제가 가능하게 하기 하기
- 다른 사람들과 책임 나눠 갖기
- 사람을 바꾸기 위해 애쓰지 않고도 사람들이 활발하게 상호작용할 수 있도록 구조 바꾸기
- 코끼리 전체를 탐색해볼 수 있는 "전체 시스템" 확보가 어떻게 높은 동기부여와 빠른 실행으로 연결되는지 보여주기
- 존중하는 분위기 형성과 팀워크 향상을 위해 불안과 권위를 투사하는 방법 사용하기
- 갈등을 해결하여 100% 합의안으로 이끌기
- 쉽게 오지 않을 수 있는 행동을 시도함으로써 성취 가능한 것을 직접 경험해보기

우리는 이 책을 통해 쉽게 없어지지 않을 하나의 사실을 강조하고 있다 : "변화는 이전에 해보지 않은 것을 해보는 것이다." 우리는 이

말을 비즈니스나 교육, 의료, 그리고 지역사회 분야에서 활동하는 지극히 일반적인 리더들로부터 들어왔다. 이 리더들은 자기안에서 새로운 역량을 스스로 발견해낸 사람들이다. 우리는 그들이 한 말들을 이 책에 그대로 옮겨 두었다. 만약 당신이 개인의 스타일과 태도, 동기와 외적인 보상을 어떻게 해주는지를 주로 다루어 왔다면, 행동을 바꾸기 전에 구조부터 먼저 바꾸라는 우리의 말은 상당한 부담이 될 것이다.

8가지 리더십 스킬

이 책은 8개의 장으로 구성되어 있다. 각 장에는 고급 리더십 스킬과 매일 시도해볼 수 있는 행동에 대한 원칙들을 하나씩 소개한다.

1. 사람을 통제하려 하지 말고 구조를 통제하라
2. 모든 사람이 책임지게 하라
3. 불안 속에는 "신나는 일이 숨어있다"고 생각하라
4. 개인적으로 받아들이지 않도록 하라
5. 싸우지도 말고 도망가지도 말라
6. 반드시 참석해야 할 사람이 참석하게 하라
7. 코끼리 전체를 경험하라
8. 암묵적인 합의는 표면으로 드러내라

리더인 당신이 더 많은 것을 내려놓을수록 직원들이 더 많은 성과와 더 좋은 성과를 낼 수 있게 해주는 길로의 여행에 여러분들을 초대한다. 그 길을 충분히 걸어가면 더 높은 성과를 얻을 것이며, 직원들은 더 높은 수준의 자기통제력을 갖게 되고, 여러분 자신은 더 많은 자유를 얻게 될 것이다. 앞으로 만들어낼 결과를 보면 더 이상의 증거가 필요치 않다는 것을 알게 될 것이다.

리더십 스킬

사람을 통제하려 하지 말고 구조를 통제하라

조직, 팀, 특별과제팀(TFT),
위원회 활동을 성공적으로
이끌게 해줄 방법

핵심포인트

◆ 상황에 적합한 구조(right structure)만 만들어주면 사람들은 더 많이 배울 수 있고 서로 가르쳐주며, 굳이 강요가 필요 없을 정도로 잘 통제된 수준에서 그룹활동에 참여할 수 있다.

◆ 해야 할 일들을 나눠주라, 그러면 모든 것을 바꿀 수 있다.

◆ 재량권을 높여주고, 필요한 정보를 공유하고, 조직화 해주며, 스스로 일을 통제할 수 있도록 권한을 주면 굳이 바꾸려 애쓰지 않아도 지금까지 유지해온 습관은 얼마든지 바뀔 수 있다.

◆ 1장에서는 이 모든 것을 시작하는 방법에 대해 이야기할 것이다 : 통제할 수 있는 것을 통제하라.

"사회기술시스템"(Sociotechnical Systems)의 창시자인 에릭 트리스트 (Eric Trist)는 1940년대에 요크서 남부에 있는 광산에서 수행한 활동을 통해 〈변화된 사람, a changed man〉을 만들어냈다. 엔지니어들이 생각해낼 수 조차 없었던 채굴시스템을 에릭은 현장에서 목격할 수 있었다. 새로운 천장 제어기술을 사용하여 광부와 매니저들은 자율운영팀을 만들었다. 여기에 참여한 모든 광부들은 특정 전문분야를 대신할 수 있는 다양한 기술들을 습득했다. 높은 기술수준이 필요한 부분에서는 조상대대로 전해내려온 손재주를 재발견할 수 있었다. 자율경영팀 활동을 통해 나온 산출량은 철저한 감독하에 운영되던 전통적인 광산에서 나온 것보다 높았고, 광부들의 결근율은 오히려 더 낮았으며, 사고 또한 줄어들었다.

그 후 많은 사람들이 그때 시도했던 광산의 혁신적인 시도를 통해 배울 수 있었다. 우리가 "역기능적" 행동으로 부르는 대부분의 것들은 사람들이 이미 알고 있는 모든 것을 활용하지 못하도록 막는 업무구조때문에 일어난다. 업무를 너무 작은 단위까지 규정으로 묶어두고 있어서 로보트조차도 지루함을 느낄 정도이다. 지나치게 제한적인 업무규정은 오히려 생산성을 떨어뜨린다. 위에 앉아서 통제하고 조정만 하는 리더들은 보통 정도의 성과에 안주한다. 그러나 사람들이 스스로 통제 할 수 있도록 업무를 조직화해주면 오히려 더 높은 성과를 낼 수 있다. 대인관계 스킬을 가르치는 것만으로는 분열되고 해체된 시스템을 향상시킬 수 없다. 철저한 관리와 감독을 줄이고, 외부전문가의 도움을 줄여줄 수 있는 도구와 지식, 권한을 구성원들에게 줄 수 있는 구조를 생각해보라.

이것은 관습에 얽매이지 않는 새로운 방식인가? 그렇다. 효과적인 방식일까? 우리가 소개하는 이 방법은 이미 수십 년에 걸쳐 여러 사람들이 지속적으로 사용하면서 그 효과성을 입증해왔다. 마빈 와이스보드(Marvin Weisbord)가 쓴 〈생산적인 업무현장: 21세기의 존엄성, 의미, 공동체Productive Workplaces: Dignity, Meaning, and

Community in the 21st Century)라는 책에는 이 방법이 잘 정리되어 있다. 문제는 "그것을 얼마나 잘 실천 할 수 있는가?"일 뿐이다. 이제 이 책을 들고 있는 당신 자신의 행동을 살펴볼 차례다.

통제할 수 있는 것 통제하기

1982년 이후 Future Search라고 부르는 전략회의를 통해 리더십 방법들을 개선해왔기 때문에 이런 생각이 갖는 힘을 우리는 잘 알고 있다. 다양한 업무상황에서 사람이 아니라 구조를 통제하는 방법을 수천 명에 달하는 사람들과 함께 배워왔다. 예를 들어, 만약 당신이 세계 어떤 곳에서 진행되는 Future Search 계획수립 회의에 참가하고 있다고 하자. 당신은 그 자리에서 수백 명의 사람들이 소그룹으로 모여 앉아 있는 것을 보게 될 것이다. 그 소그룹은 미팅 결과에 따라 이해관계를 가질 수 있는 그룹들이다. 각 소그룹은 토론을 이끌어가는 리더, 시간관리자, 논의내용을 기록하는 기록자, 논의결과를 전체 팀과 공유하는 발표자 뿐만 아니라 필요하다고 생각되는 모든 역할들을 누가 맡을지 스스로 결정한다. 참가자들은 가능한 한 모든 관점들에 대해 탐색해보고, 보고서를 준비하고, 실행에도 헌신적으로 참여한다. 참석한 모든 사람들의 스킬과 경험에 근거하여 회의 결과가 만들어진다. 차트에는 당신이나 우리가 이해하지 못하는 말들이 쓰여 있을 수 있다. 참가자들은 그들 자신을 관리하고 또 이끌어간다. 그들 대부분은 이런 방식을 경험해 본적이 없다. 그렇다고 해서 그들이 성공적인 결과를 만들어내는 데 우리가 아무 역할도 하지 않은 것은 아니다. 우리는 그들이 회의가 진행되는 동안 자신을 확장해갈 수 있도록 회의에 가장 적합한 구조를 만들어줬다.

우리는 대부분의 사람들이 자신이 알지 못할 때 조차도 자기통제가 가능하다는 점을 더 강화해주기 위해 노력해왔다. 책임 있는 행동을 위해 전체의 역량을 높여야 하는데, 그것이 가능한 조건들을 만들어내는 것이 리더가 해야 할 핵심과제이다. 역설적이게도 사람들이 자기조직화 하려면 그들에게 그럴 권한을 부여할 권한을 가진 누군가가 필요하다! 그 사람이 바로 당신이다.

　　업무배분과 통제, 그것을 조율해야 할 책임을 업무 당사자들에게 넘겨라. 그렇게 하면 그들은 자발적으로 집중하고, 동료들과 필요한 협력을 하면서 일을 하고, 더 좋은 아이디어들을 만들어내게 될 것이다.

"우리는 사람들을 마치 생산시설처럼 다뤘다."

프라빈 메이단, CEO, Kepler's Books
(샌프란시스코, 캘리포니아, 미국)

나는 사람관리에 대해 지금까지 배웠던 대부분을 잊으려 노력하는 중입니다. 경영대학원 과정은 사람들을 통제할 수 있는 생산시설처럼 취급했습니다. 우리는 조직의 수직적 구조나 통제방법을 찾기 위해 노력하기 보다 사람들이 함께 일을 잘 할 수 있는 구조를 만들기 위한 방법을 찾아야 합니다. 나는 도서 판매 비즈니스를 하고 있습니다. 경영과 리더십에 대한 대부분의 책이 오류를 범하고 있다고 리더들에게 충고하는 중입니다. 아주 어렵게 이런 사실을 터득할 수 있었습니다.

구체적인 예가 있냐고요? 물론입니다. 한번은 8명으로 구성된 아주 강도 높은 프로젝트 팀을 이끈 적이 있습니다. 우리 팀은 백만 달러에 상당하는 사업전략을 수립하기 위해 7주간 작업을 함께 했습니다. 10년이 지난 지금 그때를 되돌아 보면서 당시 내가 함께 일한 팀원들을 마치 노예처럼 부렸다는 것을 깨닫게 되었습니다. 함께 작업했던 팀원들에 대해서는 거의 신경 쓰지 않았습니다. 내가 1주일 내내 일한다는 이유로 모두가 나처럼 1주일 내내 일하기를 기대했습니다. 그들에게는 가족이 있고, 그들 만의 삶이 있었는데도 말입니다. 6개월이 걸려야 해낼 수 있는 일을 2달만에 끝내긴 했지만 그 대가를 치러야 했습니다. 당시 나도 노예 감시인이 되고 싶었던 건 아닙니다. 단지 너무 심하게 결과달성에만 집중하느라 함께 일하는 팀원들에게 신경을 쓸 여유가 없었던거죠. 그것이 바로 내가 범한 가장 큰 실수였습니다. 덕분에 고객을 만족시켰고 더 많은 일을 따내긴 했지만 팀원 몇 명은 모든 에너지를 다 소진했고 나는 그들의 신뢰를 상실하고 말았습니다.

지금 달라진 점은 비전 하나만으로 성공적인 실행을 보장할 수는 없다는 사실을 잘 알게 되었다는 것입니다. 내게는 함께 할 사람들이 필요하고 나는 그들에게 의존하고 있습니다. 그래서 비전을 공유하고 책임을 나눌 수 있는 올바른 구조를 만들기 위해 노력하는 중입니다. 이 비즈니스를 함께 하기로 선택한 직원들에게 충분한 도움을 줘야 한다고 매일 나 자신에게 주문하고 있습니다. 내가 해야 할 일은 그들이 성공하고, 균형 있는 삶을 살도록 해주는 것입니다. 그렇지 않으면 경쟁이 치열한 비즈니스에서 실패하게 될 것입니다.

목적을 커뮤니케이션하라

통제를 실습해볼 수 있는 좋은 방법은 "오늘 내가 다른 사람들로부터 필요로 하는 것은 무엇인가?"에 대한 질문으로 하루를 시작하는 것이다. 목표를 최우선에 두라. 다른 사람들이 그 목표에 도달할 수 있는 방법을 찾을 수 있게 해줘야 한다. 몇 년 전 마브(Marv)는 10개 의과대학 학장들의 리더십 관행에 대해 연구한 적이 있다. 그 중 한 명은 책상을 언제나 깔끔하게 유지했다. 그는 매일 자기 앞에 놓여있는 한 장의 종이를 보면서 업무를 시작했다. 맨 위에는 큰 글씨체로 쓰여진 학교 미션이 있었고, 그 아래에는 우선순위 리스트가 적혀 있었다. 각 우선순위 아래에는 담당자 이름이 적혀 있었고, 종이 위에는 그날 완료해야 할 실행단계가 표시되어 있었다. 마지막으로, 그날 잡아 둔 약속 아래에는 각 만남에서 반드시 강조할 점을 적어 두고 있었다. 그는 이 한 장의 종이를 가지고 전체 업무를 통제하고 있었던 것이다.

시간을 통제하라

시간은 한번 지나가면 재생이 불가능한 희소가치가 가장 높은 자원이다. 시간은 지속적으로 우리 곁을 지나가버린다. 어떤 목표를 달성하는 데는 몇 시간이면 충분할 수도 있지만 또 다른 목표의 경우엔 며칠이 필요할 수도 있고 몇 달이 필요할 수도 있다. 시간은 할 수만 있다면 매 순간 통제해야만 하는 것 중 하나이다. 시간 외에도 통제 가능한 것들이 있다. 우선순위 각각에 대해 3가지 통제가능한 변수인 목표, 사람, 장소를 주어진 시간에 맞춰서 안무를 짜야 한다. 달성하려는 목표에 반드시 있어야 할 사람과 일하기 좋은 장소를 찾아서 그 일에 필요한 만큼의 시간을 주도록 하라.

당신이 지금 원하는 것을 명확히 하라

어떤 일을 팀원에게 넘겨줄 때마다 당신이 기대하는 바가 무엇인지 명확히 알 수 있게 해줘야 한다.

> "지금 현재 처한 상황을 명확히 해야 한다."
>
> Josephone Ryberg-Dumont, 전 IKEA 임원
> (헬싱보르크, 스웨덴)

나는 오랫동안 프로젝트 팀을 이끌어왔습니다. 프로젝트의 탐색단계, 통합단계, 결정단계, 실행단계에 이르는 전단계가 제 책임하에 진행되었습니다. 프로젝트 수행 중에는 프로젝트의 전체 단계 중 지금 어느 단계에 와있는지, 현재 어떤 활동을 하고 있는지 팀원들이 제대로 알게 하는 것이 중요합니다. 그렇게 하면 결정해야 할 순간에 바로 결정하지 못하고 불안해 하는 사람들을 도와줄 수 있습니다. 이 점은 더 많은 논의가 필요할지도 모르지만, 내가 말하고 싶은 점은 어떤 이점을 가지고 있는지에 대해 논쟁하기 보다, 가능한 한 많은 관점을 얻기 위해 노력하는 것이 더 중요하다는 점입니다. 팀원들은 언젠가는 선택을 해야 하고, 결정을 해야 한다는 것을 알 필요가 있습니다. 만약 그들이 그 때가 언제인지 명확히 알지 못하면 그들에게 물어봐야 합니다. 그들이 대답해야 할 부분입니다. 그렇게 하지 않으면 프로젝트에 아주 복잡한 상황이 벌어질 수 있습니다.

건강한 환경을 조성하라

어쩌면 여러분은 이 말을 중요하게 받아들이지 않을 수도 있다. 대체로 업무조건은 통제가 가능하다. 만약 매일 그렇게 하면 팀원들의 사기진작이나 성과 측면에서 아주 큰 차이를 만들어낼 수 있을 것이다.

시간 정시에 시작하고 정시에 끝내도록 하라. 이렇게 하는 데는 훈련이 필요하다. 아주 간단한 방법이긴 하지만 이렇게 하면 조직문화에서 큰 차이점을 만들어 낼 수 있다. 회의에 늦는 사람을 기다리면 통제권이 그들에게 넘어가버리고 만다. 또한 참석자들의 동의도 구하지 않고 끝나기로 한 시간을 넘기게 되면 그들의 화를 촉발하게 된다.

회의공간 모든 중요한 변화는 한번에 한 가지 주제만 다룰 때 일어난다. 그렇기 때문에 아주 신중하게 회의실을 선택해야 한다. 우리가 살고 있는 21세기의 삶은 비록 창이 없는 지하실에서 일하지 않는다고 해도 스트레스로 이미 넘쳐난다. 지하에 있는 회의공간은 정신과 육체의 건강에 아주 좋지 않다. 나는 지금까지 창문이 있고 햇살이 들어오는 회의실에 대해 불평하는 사람을 본 적이 없다.

하와이에서 개최된 한 컨퍼런스에 참석했던 때가 기억난다. 회의실을 세팅한 사람은 외부로부터 "방해 받지 않기 위해" 두꺼운 암막커튼을 쳐 두었다. 멋진 태평양 바다가 보이는 창 밖으로 고래들은 멀리서 물을 뿜어 대고 있고, 야자수는 바람에 휘청거리고, 큰 파도더미가 해안으로 몰려오는 것이 보였는데도 말이다. 이 많은 자연조건들을 모두 커튼으로 막아 둘 수는 없다고 판단한 나는 창 밖의 모습이 너무 좋아서 집중에 방해가 될 수는 있지만, 참석자들이 감당할 수 없는 정도는 아니라고 회의를 기획한 사람을 안심시켰다. 그 방에서 느낄 수 있었던 밝은 분위기는 회의로 넘어간 후에도 오랫동안 유지되었다.

좌석배치 의자를 일렬로 배치하면 대화가 리더에게 집중된다. 그러나 원으로 둘러앉으면 상호작용하기가 훨씬 쉬워진다. 몇 년 전 우리는 60명의 참가자들을 놓고 회의를 진행한 적이 있는데, 방이 너무 좁아서 책상을 모두 밖으로 빼고 회의를 진행했었다. 좁은 공간이 만들어낸 제약조건은 오히려 축복이 되었다. 6~8명으로 이루어진 소그룹이 함께 활동할 때는 그들 사이에 책상을 두지 않으면 상호작용이 훨씬 활발하게 일어난다는 것을 그때 알게 되었다. 바퀴가 달린 편한 의자를 사용하면 참석자들 스스로 그룹을 만들기가 훨씬 쉽고 편하다.

유용한 팁: 사용하게 될 회의실이 의자를 일렬로 배치해 놓은 경우, 원형으로 바꿔달라고 요청하라. 그리고나서 그 원형이 사람들과 그들의 참여에 어떤 영향을 주는지 주의해서 살펴보라.

음향 아무것도 걸어두지 않은 벽과 딱딱한 바닥으로 된 회의실에서 나는 소리는 스쿼시 코트의 공처럼 튕겨 나간다. 천장이 높은 방은 메아리처럼 소리가 울려 퍼지기 때문에 사람들은 다른 사람이 하는 말을 듣기 위해 집중해야 한다. 소리를 흡수할 수 있게 만든 천장과 카펫이 깔린 방이 회의하기에 적합하다. 대규모 인원이 함께 회의를 하는 경우, "발언 막대기(Talking Stick)" 처럼 참석자들에게 이동이 가능한 무선 마이크를 미리 준비해놓도록 하라. 양질의 사운드 시스템을 쓰면 부적절한 음향 때문에 일어나는 문제를 해결할 수 있다.

건강에 좋은 간식 회의가 진행되는 동안에는 간식 테이블에 신선한 과일과 견과류를 두는 것이 좋다. 단백질이 공급되면 일의 효능이 높아지고 회의에 훨씬 더 잘 집중할 수 있다.

접근성 신체적인 장애를 가진 사람들도 쉽게 접근이 가능한 시설을 갖추고 있는 장소들이 많이 있다. 회의를 하게 되는 공간은 어떤 참석자라도 쉽게 접근할 수 있어야 한다는 점을 기억하고 준비해야 한다.

지속 가능성 회의를 하면서 지구파괴에 기여한다면 그 회의는 무의미한 일이다. 지금은 고인이 된 동료인 랄트 코플만(Ralph Copleman)은 재활용이 가능한 이름표, 재생종이로 만든 노트와 플립차트 패드, 도자기로 만든 커피 잔(1회용 컵이 아닌), 그리고 재활용을 위한 분리수거용 쓰레기통을 회의실 안에 두게 했다. 작지만 이런 세팅은 지구를 지속 가능하게 하는데 도움이 되고 참석자들에게 의미를 줄 수 있다.

자기통제가 목적이면 문화적 규범을 고려하라

당신이 함께 작업하는 팀이 시간에 대해 어떤 문화적 규범을 가지고 있는지 알고 있어야 한다. "여기서 우리는 XYZ시간을 사용하고 있어요" 라는 말을 한번 이상 이미 들어왔다. "사람들이 늦게 오는 것이 아주 흔한 일이예요." 마치 해당 지역에서 오랫동안 유지되어 온 관습을 없앨 수 있는 것처럼 행동하는 것은 아주 어리석은 일이다. 과반수의 참석자가 10시까지 나타나지 않을 것이 분명하면, 오전 9시부터 12시까지 3시간동안 일을 할 수 없다는 것을 사전에 알고 있어야 한다. 회의시간을 정할 때는 이런 문화적 규범을 충분히 고려한 후 결정해야 한다.

그룹 역동성(Group Dynamics)의 공동 창시자인 로날드 리피트(Ronald Lippitt,)는 일찍 도착하는 사람에게는 "혼자 할 수 있는 일"을 주라고 했다. 그들이 하고 있는 업무에 대해 서로 대화하게 하거나, 이전 회의에서 나온 정보를 분석하게도 하고, 질문할 만한 것들을 생각해보게 하거나, 미처 생각하지 못한 새로운 가치를 추가할 수 있는 어떤 것이라도 만들어 보게 하라. 늦게 도착한 사람들이 그 대화에 합류할 수도 있고, 별도로 새롭게 대화를 시작 할 수도 있다. 필요한 참석자가 모두 모이게 되면 그때 다 함께 이어서 진행하면 된다.

요 약

리더십 스킬 1 :
사람을 통제하려 하지 말고 구조를 통제하라

통제가 가능한 팀이나 특별과제팀, 또는 위원회를 구성해보라. 모든 불순물이 제거된 증류수처럼 가능한 한 목표를 명확히 하라. 무엇보다 활동하는 사람들이 스스로 조직화하고, 조정하고 통제할 수 있도록 격려해주라. 회의진행 도중에는 참가자들이 과제에 필요한 몇 가지만 통제하도록 한다. 예를 들면, 목표에 집중하게 하고, 건강한 환경을 만들어주며, 문화적 규범을 존중하고, 시간제약을 생각하면서 논의하게 하며, 자신을 관리하는 데 필요한 것에 한해서만 통제하도록 한다. 참석자들이 시간과 결과물에 대한 책임을 함께 지고 있다는 점을 알게 하라. 그것이 바로 이 장에서 우리가 말하고 싶어하는 '책임진다'는 것의 진정한 의미이다.

리더십 스킬 1 활용방법

당신이 진행할 중요한 미팅을 생각하면서 다음 질문에 대해 답해보라.

- 목표를 적어본다. 그 목표는 어느 정도까지 공유되었는가?
- 누가 참석하는가? 그들 외에 더 필요한 참석자는 누구인가?
- 좋은 음향시설을 갖춘 회의실이 준비되어 있는가?
- 주어진 시간 안에 목표에 도달할 수 있는가?
- 그룹과 함께 결정하는 것이 필요한 사안인가?
- 만약 그것이 가능하지 못할 경우, 필요한 행동을 취할 준비는 되어 있는가?
- 어떤 결과를 원하는가?

2

리더십 스킬

모든 사람이
책임지게 하라

위험 부담은 나눠주되,
주도권은 더 많이 주라

핵심포인트

- 많은 리더들은 모든 책임이 그들 어깨위에 놓여있는 것처럼 행동한다.

- 리더가 더 많은 일을 떠맡을수록 사람들은 리더의 권위에 따르게 되고, 상사에게 업무를 위임하고, 위로부터 업무 지시가 내려오기를 기다릴 가능성은 점점 더 높아진다.

- 통제를 강화하기 위한 구실로 구성원들이 자신에게 의존하게 하는 것은 세상에서 가장 고루한 자기 충족적 예언이다. 만약 그런 구실을 계속 사용하면, 결국 당신은 원하지도 않는 것을 더 많이 짊어지게 될 것이다.

- 업무담당자가 업무를 조정하고 통제할 수 있도록 권한을 넘겨줄 때 오랫동안 유지되어 온 관행을 뒤집을 수 있다

- 고급 리더십 스킬은 얼마나 많이 넘겨줄 수 있는지, 넘겨주었을 때 무슨 일이 일어나는지를 발견하는 능력이라고 할 수 있다.

- 2장은 당신이 그렇게 할 준비되어 있는지 알 수 있도록 도움을 줄 것이다.

의존성은 저절로 생기지만 책임감은 노력을 기울여 학습해야만 얻을 수 있다. 그러나 우리 안에 있는 많은 것들은 이런 책임감과는 반대로 움직인다. 우리는 의존적인 존재로 태어났고 성장하면서 더 큰 힘을 가진 사람의 권위에 따르게 된다. 불확실한 상황이 되면 쉽게 자기 의심에 빠지고 만다. 이런 상황에서 리더에게 대신 결정해 달라고 부탁하는 것은 숨을 쉬는 것처럼 쉬운 일이다. 집단이 어떤 한 명의 리더보다 시스템의 운영방식에 대해 더 많이 알고 있다는 것은 자명한 일이다. 그러나 집단에 속해 있는 사람들은 그들이 알고 있는 것들이 중요하다는 것을 잘 인식하지 못한다. 집단 내에서 서로 교류가 일어날 때 우리는 비로소 전체를 이해할 수 있다.

    한 선박회사는 최첨단 유조탱크를 활용한 새로운 작업시스템을 디자인하기 위해 덴마크의 사회과학자인 거너 히엘홀트(Gunnar Hjelholt)를 초빙했었다. 직원들의 스트레스를 줄이고, 현장에서 일어나는 사고도 줄이는 반면에 직원들의 사기는 높여주는 것이 그들의 목표였다. 거너는 선원들의 신뢰를 얻기 위해 몇 주 동안 그들과 함께 바다에서 지냈다. 그는 당시 작업시스템에 대해서는 한 마디도 하지 않고 선원들과 함께 지내기만 했다. 시간이 지나고 거너를 신뢰할 수 있게 되자 비로소 선원들은 새로운 작업시스템을 디자인해 달라고 요청했다. 그러나 이때도 그는 직접 작업시스템을 만들어주지 않고 선원들 스스로 만들 수 있도록 도와주겠다고 했다. "누가 이 배의 책임자 입니까?" 라는 질문으로 그는 선원들 스스로 책임질 수 있게 만들었다. (Madsen & Willert, 2006)

    우리 모두는 자기가 경험한 영역에서는 세계 최고 권위자이다. 이 점이 바로 거너가 유조선 선원들에게 가르친 것이었다. 이런 가르침 때문에 그 배의 선원들은 지금까지 유례가 없던 가장 성공적인 항해를 할 수 있었다. 선원들 자신들이 무엇을 해야 할지 이미 알고 있다는 것을 그들에게 보여주고, 그들이 그 일을 하는데 필요한 권한을 위임해줌으로써 이런 결과를 만들어낼 수 있었다.

이미 여러 문화권에서 많은 리더들은 사람들에게 자신들이 경험한 것을 활용해보게 하는 활동을 통해 스스로 책임지도록 돕는 것이 얼마나 가치 있는지 증명해왔다. 당신 조직에 있는 사람들이 스스로 책임을 지게 하면 그들은 더 큰 열정을 가지고 더 짧은 시간 안에 훨씬 더 많은 것을 성취할 수 있다. 이 장을 다 읽고 나면 자신이 가지고 있는 책임을 나누어 줌으로써 그들의 책임감을 높일 수 있는 방법에 대해 좀 더 많이 생각하게 될 것이다. 책임을 나눠주는 것은 어렵지 않다. 당신이 새롭게 시도해야 할 것은 그들이 익숙하지 않은 행동에 숙달할 수 있도록 도와주는 동시에 목표에 집중하는 방법을 배울 수 있게 하는 것이다.

책임공유에 필요한 6가지 원칙

아래에 소개하는 것은 프로그램이나 프로젝트 또는 의사결정에 대한 책임을 다른 사람들과 나눠 갖는 데 도움이 되는 6가지 행동이다. 이것은 회의에도 적용할 수 있다. 회의는 당신이 대부분의 시간을 보내는 곳이고, 매일 새로운 기회를 만나는 곳이기도 하다.

1. 모든 사람들은 최선을 다한다

하는 일이 무엇이든지 모든 사람들이 그 순간에는 최선을 다하고 있다고 나는 확신한다. 그들이 더 잘하기를 바란다면 그들의 행동이 아니라 당신의 행동을 바꿔야 한다. 사람들에게 꼬리표를 붙이는 것부터 그만둬야 한다. 성급히 결론 내리는 것은 너무도 쉬운 일이다.

"그들은 부정하고 있어"

"그들은 관심을 끌기 위해서라면 뭐든 할거야"

"그들은 나쁘게 보일까 두려워하고 있어"

"수동적이야"

"공격적이야"

몇 년 전, 아프리카와 아시아에서 전략기획 회의를 퍼실리테이션한 적이 있는데 그때 새롭게 깨달은 점이 있었다. 사람들이 가지고 있는 방대한 경험을 우리가 얼마나 잘 모르고 있는지 절실히 느끼게 되었다. 생각해 보면, 우리는 자신에 대해 잘 모르는 부분이 많다. 어쩌면 은하수에 떠있는 별들 보다 인간의 행동을 진단하는 방법들이 더 많을 지도 모른다. 진단의 첫 번째 규칙은 당신이 찾는 것을 발견할 수 있다는 것이다. 모든 진단에는 처방이 절실하다는 것을 잊지 말라. "변화에 저항하는 사람들"을 꼼짝 못하게 하려는 시도는 전형적인 자기충족적 방식이다. 옳다는 것을 증명하기 위해 노력하면 할수록 더 많은 저항에 부딪치게 된다.

산드라는 남수단의 다양한 부족에서 온 40명의 청소년들을 대상으로 기획회의를 진행했었다. 리더를 선출해야 할 시간이 되었을 때 청소년들이 그녀에게 리더를 선출해달라고 해서 깜짝 놀랐다고 한다. "내가 리더를 선택하면 변하는 게 아무것도 없어요" "여러분이 선택하세요. 어떤 방법으로 할지 함께 찾아보세요."

청소년들은 여러 선출방법에 대해 논의를 했다. 결국 모두에게 적합한 방법으로 각 지역과 부족 대표자를 선출하는 방법을 그들 스스로 찾아냈다.

우리가 직면하고 있는 최대의 과제는 있는 그대로의 그들과 함께 일하는 법을 배우는 것이다. 말은 쉽지만 실천하기는 어렵다. 그러려면 당신 자신에게도 단점이 있고, 당신이 가지고 있는 스타일 때문에 문제가 생길 수 있으며, 당신도 선입견을 가지고 있는 사람이라는 점을 스스로 인정하는 것에서부터 시작해야 한다. 그러다 보면 다른 사람을 수용하는 것이 점점 쉬워질 것이다. 있는 그대로의 모습을 받아들일 수 있을 때 비로소 신뢰가 쌓인다. 현재 각 개인들이 가지고 있는 상태 그대로 그들을 이끌어야 할 책임이 당신에게 있다는 것을 기꺼이 받아들일 수 있는가? 리더인 당신이 이 책임을 받아들일 수 있을 때 팀으로부터 높은 성과가 나올 수 있다.

> "누구든지 적절한 코칭만 받으면 스스로
> 책임지는 방법을 배울 수 있다."
>
> 요한 올제크비스트, CEO, Fryshuset
> (스톡홀름, 스웨덴)

책임을 질 수 있다면 누구나 리더가 될 수 있습니다. 사람들이 책임질 수 있게 하는 것은 리더가 해야 할 중요한 일입니다. 팀원들이 스스로 책임질 수 있게 해주는 조직기반을 만드는 것이 필요합니다. 내가 말하는 조직기반에는 배우는 과정에서 실수를 저지를 자유를 허용해주는 것을 포함합니다. 책임지는 방법을 배우는 데는 시간이 필요합니다. 위계적인 조직은 개인 스스로 책임질 수 있도록 되어있지 않아요. "누가 이것 좀 해볼래요?" 라는 말을 듣지만 "누가 해야 한다는 말이예요?"라고 되묻는 것을 조직 안에서 쉽게 볼 수 있습니다. 우리에게 "발생한" 일에 대해 마치 피해자인 것처럼 이야기하는 것은 바람직하지 않아요. 우리에게 발생하는 일은 없습니다. 우리 자신은 언제나 그 일의 일부일 뿐입니다. "정말 나쁜 일이 우리에게 일어났어요." 라고 나는 말하지 않습니다. 그렇게 말하는 대신 "우리에게 이런 일이 생길 줄은 몰랐어요. 다음에는 어떻게 미리 알 수 있을까요?"라고 물어봅니다.

적절한 코칭을 받으면 누구라도 책임지는 법을 배울 수 있습니다. "이거 책임져!" 라고 말하는 것만으로는 부족합니다. 많은 사람들은 책임지라는 말을 이해하지 못해요. 하지만 그들이 내가 하는 말을 이해하기만 하면 대부분은 책임을 질 수 있습니다. 이렇게 되기까지는 시간이 오래 걸릴 수는 있어요. 지금까지 나는 행동이 느리고, 소극적이며 강한 리더가 못된다고 비난을 받아왔습니다. 함께 일했던 한 여직원은 내가 화를 내지 않았다고 오히려 나를 찾아 왔어요. "제가 엄청난 실수를 했는데 한번만 더 이런 일이 발생하면 저를 해고해버리겠다고 말씀 하셨어야죠." "왜 제가 그래야 하나요? 내게 이렇게 와서 말하고 있다는 건 이미 자신이 한 실수를 알고 있다는 것인데 내가 왜 굳이 당신에게 화를 내야 하죠? 당신이 이미 알고 있는 것을 내가 다시 말할 필요는 없잖아요. 그건 에너지 낭비예요." 라고 답변한 적이 있습니다.

이런 리더십을 말로 설명하는 건 어렵습니다. 행동으로 보여줘야만 해요. 내가 이끌었던 팀은 불과 4년만에 생산성을 50%나 끌어올렸습니다. 그러면서도 직원들은 더 행복해하고, 스트레스는 덜 받고, 더 높은 소속감을 느낀다는 것이 관련된 수치에서 나타났습니다. 50%라니! 도저히 믿을 수 없는 숫자죠. 이런 좋은 결과에도 불구하고 여전히 내가 우유부단하다고 생각하는 사람들이 있어요. 그들은 나를 찾아와서 "제가 뭘 해야 할까요?" 라고 묻습니다.

그러면 나는 "뭘 해야 된다고 생각하는데요?" 라고 되물어봅니다.

"그걸 알면 찾아 오지도 않았겠죠." 그들은 말합니다.

"이 일에 대해 당신에게 없는 능력이 나한테 있다고 생각하세요?"라고 나는 또 되묻습니다.

"아니, 당신은 매니저잖아요"

나는 상대방을 밀어내는 데 아주 탁월한 능력을 가지고 있어요. "미안하지만 지금 당신은 당신이 져야 할 책임을 내게 떠넘기는 것 같애요. 그렇게 해주기를 원한다면 당신이 져야 할 책임을 내게 가져올 수는 있습니다. 하지만 이런 일이 반복되면 당신이 리더로 성장하는 것이 훨씬 더 힘들어진다는 것을 알아야 합니다. 지금 다시 결정해보세요. 지금도 내가 하길 원하세요?"

이 시점이 되면 누구도 내가 자기 대신 책임져 주기를 원하지 않습니다. 결국 그들은 도전을 받아들이고 스스로 힘든 결정을 내리기 시작합니다.

---

2. "숨겨둔 안건"은 숨어 있게 두라

대부분의 직장에는 각 개인들이 "숨겨둔 안건"으로 넘쳐난다. 몇 년 전, 우리는 사람들이 말하지 않을 때는 그들이 말하고 싶어하지 않아서라는 사실을 깨닫게 되었다. 만약 그들이 자신의 "진짜" 모습을 숨기고 싶어 하면, 그들이 선택한대로 숨기는 것을 받아 주기로 했다. 그건 우리 책임이 아니다. 원하지 않는 일을 하도록 시키는 것은 우리가 원하는 일을 하게 하는 것보다 훨씬 더 힘들다. 만약 모든 사람이 비밀을 갖고 있다는 생각이 들면 그건 결코 실망할 일이 아닐 것이다. 리더의 책임은 사람들이 준비된 일에 최선을 다하게 하는 것이다. 모든 문제를 사전에 모두 해결해야 한다면 우리는 어떤 것도 이룰 수 없을 것이다.

많은 사람들이 참여하는 대규모 모임에서 자신의 생각을 표현하라고 하면 어떤 문화권에 있는 사람들은 아예 입을 다물어 버린다. 자기가 하는 일이 어떤 사람들에게 자기를 홍보하는 것으로 받아들여지는 것을 부적절하게 여긴다는 것을 나는 그때 배웠다. 그것은 공동체 문화규범에 위배된다. 만약 회의실을 가득 메운 말없는 사람들이 한 주제에 대해 어떻게 생각하는지 알고 싶다면 다음 방법을 사용하길 권한다. : 여러분이 방금 말한 목표, 결과 또는 관심사에 대해 소그룹으로 나누어 논의하게 해보라. 그리고나서 그들이 이해한 것이 무엇인지 물어보라. 자신이 하고 싶은 말을 모두 할 수 있을 때 얼마나 많은 "숨겨둔" 생각과 감정들이 드러나는지를 보면 아마도 당신은 깜짝 놀랄 것이다.

3. 다른 사람들이 더 많은 역할을 할 수 있도록 여러분 자신의 역할은 줄여라

평소에 하던 것보다 일을 적게 하려고 노력하라. 당신이 뒤로 물러설 때 다른 사람들이 앞으로 나설 수 있다. 모든 사람들이 최선을 다하고 있다고 믿으면 굳이 더 잘 하라고 요청할 필요가 없다. 우리가 사람이나 그룹을 고치려고 할 때마다 그들 스스로 할 수 있는 기회를 박탈하게 된다. 더 많이 설명해주고, 합리화하고, 해석하고 정당화할수록, 다른 사람들이 스스로 필요한 것을 찾을 수 있는 기회는 줄어든다. 그들 스스로 목표를 세우고, 어떻게 거기에 도달할 계획인지 물어보기만 하라. 그러면 그들이 스스로 책임질 것이다.

마브(Marv)가 컨설팅 업무를 처음 시작했을 때의 일이다. 당시 그는 한 비영리단체 근처 사무실에서 근무하는 사람들을 대상으로 한 사람씩 인터뷰를 했었다. 인터뷰 목적은 그들이 자신이 담당하고 있는 업무를 평가하도록 도와주기 위해 그들이 공통적으로 경험한 것을 서면으로 정리해서 보고하는 것이었다. 이때 마브는 경험이 많은 한 동료에게 물었다. "왜 우리는 매일 이 사무실에서 다른 사무실로 찾아다니며 사람들과 함께 점심식사를 하면서 그들이 무엇을 생각하는지 물어보는 걸까요?"

마브(Marv)는 보고서에 대해 논의하기 위해 이들과 만난 자리에서 그 질문에 대한 답을 찾을 수 있었다. 그들은 마브의 "조사결과"에 이의를 제기하며 분석한 결과에 도전해왔다. 그때까지 그들은 이런 문제에 대해 함께 대화를 나눈 적이 단 한번도 없었다. 개별적으로 물어야 할 때도 있기는 하지만, 그룹이 함께 있는 자리에서 질문하면 자신의 생각에만 의존해서 답변하지 않고, 다양한 생각을 접한 후 답변하기 때문에 답변 내용이 달라진다. 마브는 그룹대화에 참여한 사람들이 컨설턴트와 일대일로 대화할 때와는 다른 결론에 도달한다는 것을 그 자리에서 비로소 알게 되었다고 한다. 이 점은 리더들에게도 동일하게 적용된다. 팀 미팅을 통해 얻을 수 있는 중요한 이점은 바로 이런 대화이다.

4. 스스로 관리할 수 있게 하라

회의실을 가득 메운 각 참석자들이 스스로 관리할 수 있는 소규모 그룹을 직접 이끌어보게 하는 것은 충분히 가치 있는 일이다. 어떤 상황에서도 참석자의 절반은 리더의 역할을 경험할 수 있게 하라. 그렇게 하면 당신도 큰 짐을 덜 수 있다. 수십 명에서 수백 명에 달하는 사람들을 6~8명으로 구성된 그룹으로 만든 후, 그 그룹 안에서 논의진행자, 시간관리자, 대화내용 기록자, 그리고 발표자를 그들 스스로 선정하게 하라.

- 논의진행자 역할을 맡은 사람은 주어진 시간 내에 말하고 싶어 하는 이야기를 할 수 있도록 진행한다.
- 시간관리를 맡은 사람은 남은 시간을 그룹에게 알려주고, 논의

결과에 대한 발표자료를 준비할 때는 발표자에게 시간이 얼마나 남았는지 신호를 보내서 시간 내에 발표준비를 마칠 수 있게 해준다.

- 기록자의 역할을 맡은 사람은 말한 사람이 사용한 단어를 사용하여 플립차트에 기록한다. 만약 발표한 사람의 아이디어가 너무 길면 줄여서 다시 한번 말해줄 것을 요청하고 그때 나오는 이야기를 기록한다.

- 발표자는 할당된 시간 내에 소그룹에서 논의한 사항을 전체 그룹에게 보고한다.

진행하다 보면 다른 그룹에 비해 특별히 잘 진행하는 그룹을 볼 수 있다. 그와 달리 잘 진행되지 않는 그룹을 만날 때도 있는데, 이때는 고쳐주거나 조금이라도 거들어주고 싶은 유혹을 느끼지만 그 유혹의 덫에 빠지지 않는 것이 좋다. 팀원들이 스스로 관리하길 원한다면 그들이 하도록 기다려주라. 그들이 요청해오지 않는 한 먼저 끼어들지 않도록 하라. 인내심을 가지고 기다려줘야 한다. 그들이 배움을 만들어가는 동안 그들이 필요로 하는 만큼만 지원하도록 하라. 이것은 단순히 관리에 대한 것에 국한된 것이 아니다. 소그룹이 스스로의 일에 책임질 수 있도록 기다려 주면 그들은 언제나 더 큰 결과를 만들어서 보답한다. 리더십은 사람들이 필요로 하는 것을 알려주는 것이지 모든 방법을 알려주는 것이 아니다.

5. 화를 불러올 수 있는 뜨거운 단추는 함부로 누르지 말라

머리 속으로 올라오는 작은 소리가 어떻게 완벽을 요구하는지에 대해서는 회의를 통해 끊임없이 배울 수 있다. 훌륭한 리더는 감정적으로 이야기하거나 지나치게 말을 많이 하는 사람들을 멈추게 하고, 말을 하지 않던 사람들이 말할 수 있도록 기회를 만들어준다. 또한 걱정에 젖어 있던 팀원들이 웃을 수 있게 하고, 그들이 품고 있던 적대감을 상호존중으로 바꿀 수 있게 해준다. 동기를 부여하고, 지적인 자극을 주며, 궁금해하는 질문에는 답해 주고, 그들이 해야 할 행동에 헌신할 수 있도록 도와준다. 만약 이런 것들이 일어나고 있지 않다면, 그건 순전히 리더인 당신 잘못이다. 안타깝기는 하지만 함부로 판단하고 비판하는 사람들은 도저히 가질 수 없는 것을 갖겠다고 우길 때가 많다. 불평의 목소리를 줄여야 한다. 완벽하고 싶고, 모든 사람을 기쁘게 하고 멋져 보이고 싶고, 논쟁거리를 차단하고 모든 것을 바로잡으려는 충동이 당신에게 있음을 인정하라. 가장 쉽게 인정할 수 있는 방법은 불안해지거나 얼굴을 찌푸리게 되는 순간, 그때가 당신이 사람들을 바로 잡아주고 싶어하는 순간이라는 것을 알아차리기만 하면 된다. 딱 10초만 참도록 하라. 그리고 어떻게 되는지 지켜보라.

6. 대화를 촉진하라

대화는 말하고 싶어하는 사람들이 자신이 말하고 싶어하는 것을 말하는 것을 의미한다. 어떤 조치가 필요한 상황이라고 판단되더라도 그들이 하고 싶어하는 말을 끝낼 때까지 참도록 하라. 사람들이 제기하는 모든 것을 진지하게 고려해보겠다는 의지가 자신에게 서있지 않으면 그들이 말을 끝낼 때까지 참아낼 수가 없다. 어떤 순간에 당신이 감정적으로 바뀌는지 스스로에 대해 좀 더 잘 알 필요가 있다. 누군가 당신의 감정을 건드려오면 조용히 자세를 고쳐 똑바로 앉도록 하라. 즉각적으로 방어하거나 반격에 나서지 말고, 그들이 제기한 문제를 모두 해결해야 한다고 서두르지도 말라. 당신은 회의를 충분히 대화할 수 있는 안전한 공간이 될 수 있도록 만들어야 한다. 광범위한 통찰이 활발하게 오갈 수 있을 때 이전에는 생각지도 못한 새로운 아이디어가 떠오를 수 있다. 그런 상황이 되면 사람들에게 자신들이 들은 내용을 요약해보게 하라. 그리고 그들이 진정으로 하고 싶은 것이 무엇인지 물어보라. 그렇게 하면 그들은 책임감을 가지고 자신들이 하고 싶어 하는 것을 실행으로 옮긴다는 것을 당신은 알게 될 것이다.

유용한 팁: 회의를 시작할 때, 발언하고 싶어하는 모든 사람들의 말을 듣는 것이 얼마나 중요한 것인지에 대해 참석자들에게 알려주

도록 하라. 명료함이나 흥분, 집중이 일어나기 전에 혼동이나 불안, 또는 논의가 옆으로 새는 일이 발행할 수도 있다는 것을 말해주는 것이 좋다. 모든 아이디어는 들을 만한 가치가 있다는 선언을 통해 갈등을 완화할 수 있는 규범을 만들도록 하라. 사람들이 아이디어를 방어하거나 굳이 설득시킬 필요가 없다고 느낄 때 자신들의 행동을 보다 쉽게 바꿀 수 있다. 모든 사람들이 결정사항을 충분히 이해하고 있는지 확인한 후 회의를 끝내도록 하라. 경우에 따라서는 실행하기로 한 것이 무엇인지 그들 스스로 말해보게 하는 것도 도움이 된다.

> "서로의 생각을 오픈할 수 있는
> 안전한 환경을 만들어주라."
>
> 요에이딘 맥긴리, 전 CEO, Fermanagh District Council
> (북아일랜드, 퍼매나 주)

내가 처음 리더가 되었을 때 나는 대화가 중요하다는 것을 금방 배울 수 있었어요. 다양한 대안을 탐색하고 선택할 때는 다른 사람들이 어떻게 생각하는지 확인해볼 수 있는 안전한 환경이 필요합니다. 다른 사람들의 생각을 알면 리더가 가지고 있는 외로움을 극복하는데 도움이 됩니다. 다양한 관점에서 상황을 보게 되면 더 나은 선택을 할 수 있는 증거와 정보를 얻을 수 있죠. 내가 퍼매나 주의 최고 경영자였을 때가 기억납니다. 위험부담이 있기는 했지만 처음으로 지역사회, 기업체, 공공부문에 속한 사람들이 참여하여 함께 계획을 수립하는 회의를 소집했었어요. 그 당시 북아일랜드의 카톨릭 신자들과 개신교도들 사이에는 사회적 불안을 느낄 정도로 큰 갈등이 있었습니다. 불안을 느끼는 그들을 설득하려면 용기가 필요했고 그로 인해 발생하는 모든 어려움을 감수해야만 했습니다. 나에게는 이 지역을 대변해줄 수 있는 사람들이 필요했어요. 그들과 함께 머리를 맞대는 방법 이외에 더 나은 방법은 없었습니다. 막상 내가 요청하자 그들은 내 요청을 오히려 영광스럽게 받아들였으며 이후 뒤따른 실행에 대해서도 기꺼이 책임을 져주었습니다.

서로 생각이 다른 사람이나 그룹과 대화하는 것은 물론 쉬운 일이 아닙니다. 그런 대화가 저절로 잘 되지는 않죠. "내가 최고야. 이 일은 내가 가장 잘 알아." 라고 말하는 편이 오히려 더 빠르고 쉬워요. 지금 일어나고 있는 변화의 속도는 더 빨리 결정해야 한다고 우리를 압박하고 있습니다. 그러나 빠르다고 선택한 그 지름길은 참석자들이 함께 책임지는 주인의식을 가질 사이도 없이 끝나버리고 맙니다. 내 경험에 의하면 대화를 하는 것이 어렵기는 하지만 시간낭비는 결코 아니었습니다.

리더십 스킬 2: 모든 사람이 책임지게 하라

요 약

리더십 스킬 2 :
모든 사람이 책임을 나눠지도록 하라

모든 짐을 당신이 떠맡지 않도록 하라. 그렇게 하면 당신에 대한 그들의 의존감만 강화시켜줄 뿐이다. 사람들이 하는 말, 하는 행동, 이후 일어날 일에 대해 책임을 나눠 질 수 있도록 격려해주라. 자신을 자유롭게 해줄 한가지 방법은 니즈 진단을 그만두고 사람들이 자기 모습 그대로 일할 수 있게 허용해주는 것이다. 당신은 자발적인 협력이 일어날 수 있도록 업무를 구조화해주기만 하면 된다. 대화를 중요한 방법으로 잘 활용하라. 무엇을 하고 싶은지 그들에게 직접 물어보라. 그렇게 하면 그들은 자신을 잘 통제해가면서 일을 할 것이다.

리더십 스킬 2 활용방법

- 모든 사람이 자신의 최선을 다하고 있다는 것을 사실로 받아들여라. 그들이 더 잘할 수 있다고 생각하면, 그들의 행동을 바꾸려 하지 말고 당신의 행동을 바꾸도록 하라. 당신을 거슬리게 하는 말을 들으면, 그 말에서 당신이 동의할 수 있는 부분은 무엇인지 먼저 살펴보라. 동의하는 부분에 대해서는 (공개적 또는 속으로) 인정하라.

- "숨겨둔 의도"는 그대로 내버려두라. 사람들이 말하지 않는 것을 굳이 알려 하지 말고, 그들이 말하고 있는 것에 주의를 기울이라. 그리고 당신이 가지고 있는 가정에 어떤 변화가 일어나는지 지켜보라.

- 스스로 관리할 수 있게 하라. 대규모 회의를 진행해야 한다면 다른 사람들이 책임을 함께 나눠질 수 있도록 요청하라. 4개의 주요 역할 – 논의진행자, 시간관리자, 대화기록자 그리고 발표자 – 을 적극적으로 활용하라.

리더십 스킬

불안 속에는 "신나는 일이 숨어있다"고 생각하라

긴장상황을 관리하고,
당신 자신을 관리하라

핵심포인트

- 불안은 리더들을 괴롭힌다. 불안은 신기술, 경쟁, 고객, 예산삭감, 급작스런 해고, 그리고 조직변화에 대한 사람들의 반응에 영향을 미친다.

- 고조된 긴장감은 소문을 낳고, 의존도를 높이며, 갈등을 야기하고, 조직을 마비시키기도 한다.

- 불안을 피할 수 없는 귀찮은 상황으로 치부할 수도 있지만 오히려 도움이 되는 친구로 만들 수도 있다.

- 불안을 "신나는 일이 숨겨진 것"으로 보면 불안은 관습에 얽매이지 않은 유용한 리더십 대안이 되어줄 것이다.

- 3장에서는 어떻게 하면 불안을 당신의 통제를 넘어선, 환경에 의해 잠시 갇혀 있는 창의성으로 생각할 수 있을지에 대해 알려줄 것이다.

어느 누구도 불안을 좋아하지 않지만 우리 모두는 불안을 느끼며 살고 있다. 심야 뉴스를 볼 때도 우리는 불안감에 빠진다. 하나의 극적인 사건에 집중할지도 모른다. 아니면 혼동의 세계에서 벗어나 자유롭게 하늘을 떠다니는 나비와 같은 경험을 할지도 모른다. 학창시절 시험을 볼 때도 우리는 불안함을 겪었다. 불안을 잘 다루는 법을 아는 학생은 거의 없었다. 불안이 우리를 올바른 행동으로 안내하는 문이 아니라 고통스런 결점으로만 보게 되면 누구도 불안을 다루는 법을 배우려 하지 않을 것이다. 예상치 못한 일이 발생하면 당신은 2가지 예측 가능한 도전상황에 직면하게 된다된다. : 하나는 자신의 감정을 억누르는 것이고, 나머지 하나는 다른 사람이 감정을 억누르도록 도와주는 것이다. 당신은 불안을 부정할 수도 있고, 그것에 대해 걱정할 수도 있다. 또는 가장 가까운 사람(보통은 당신 자신)을 비난할 수도 있다. 그러나 새로운 창의력의 원천을 발견하기 위해 오히려 불안한 감정을 이용할 수도 있다. 높은 스킬을 가지고 있는 사람들은 불안한 감정을 떨쳐내려 하기 보다는 오히려 받아들인다. 더 많이 리드하고 싶다면 불안을 통제하려 하지 말고, 오히려 받아들여서 다른 쪽으로 돌려보도록 하라.

당신 자신의 불안을 다스려라

새로운 뇌과학 연구에서 "뇌에 있는 유전변수 가운데 하나는 사람들이 선천적으로 덜 불안해하고, 두려움이나 불쾌한 경험들을 더 쉽게 잊을 수 있게 해준다" 는 것을 밝혀냈다(프리드만 Friedman, 2015). 당신이 그런 유전자를 가지고 태어났다면 당신은 축복받은 20%에 속하는 사람이다. 아마도 앞으로는 훨씬 편한 시간을 보내며 살 수 있을 것이다. 그러나 당신이 그런 축복을 받은 사람이 아니라 해도 비정상 상황이나 모호한 상황, 긴장상태에 대한 인내심을 키움으로써 리더십 역량을 얼마든지 높일 수 있다. 왜 불안해 하는지 알려 하지 말고 단지 그 감정을 알아차리도록 하라. 그런 알아차림은 용기에서 시작된다. 초조한 감정이 솟아오르도록 놔두는 것이 당신 자신을 도와주는 가장 좋은 방법이다. 너무 성급하게 행동하지 않도록 하라. 불안감을 무슨 수를 써서라도 피하고 싶은 상태로 대할 수도 있지만, 불안을 "신나는 일이 숨어 있는 것"으로 경험할 수도 있다(Perls, Hefferline & Goodman, 1951). 회의가 혼란에 빠지면, 그 자리에서 그만두거나 재빨리 해결하고 싶은 거부할 수 없는 욕구가 일어난다. 그러나 당황하지 말라. 조금만 기다려주면, 당신 스스로 평온을 되찾아, 사람들이 "신난다"는 것을 느낄 수 있도록 도울 수 있고, 더 명확하게 해줄 수 있으며, 그들이 창의적인 방향으로 이동할 수 있도록 도와줄 수 있다.

> "불안을 극복 할 수 있는 단 하나의 방법은
> 행동에 나서는 것뿐이다."
>
> 마이크 워드, Deputy Global Retail Manager IKEA
> (콘쇼호켄, 펜실베니아, 미국)

지난 몇 년간 불안감을 통제하기 위해 내가 쓴 방법은 가능한 빨리 그것을 표출해버리는 것이었습니다. 이런 압박감을 내 안에 담고 있었어요. 조용히 운전해서 집으로 가거나 직장으로 갈 때도 압박감을 느꼈고, 일이 어려워지면 더 많은 압박감이 느껴졌습니다. 불안을 극복 할 수 있는 유일한 방법은 행동에 나서는 것뿐입니다. 지난 몇 년 동안 나는 그렇게 살아왔습니다. 지금은 불안감이 느껴지면 나를 붙잡고 "거기에 가지 말아야 해." 라고 말할 수 있게 되었습니다. 주요한 리더십 역할 중 하나가 자신을 믿어주고 함께 일하는 사람들을 믿는 것임을 이해하기 시작했습니다. 그렇게 될 때 우리는 진정성을 가지고 창의성을 우리 스스로 적용해볼 수 있는 방법에 대해 함께 대화를 나눌 수 있을 것입니다.

회의에서 당신 자신 다스리기

불안을 어떻게 통제할 지 실험해볼 수 있는 가장 좋은 곳은 회의할 때다. 회의는 리더들이 대부분의 시간을 보내는 곳이기도 하다. 사람들은 회의할 때 여러가지 이유때문에 불안해진다. 말을 많이 하는 사람이 회의에 오면 어떤 일이 생기는 지 주의 깊게 살펴보라. 어느 누구도 입을 떼지 않는 그 긴장상태를 한번 느껴보라. 그때 누군가 한 사람이 터무니 없는 행동을 하면, 그 긴장감은 당신이 경솔하게 보일 수 있는 행동을 하게 할 수 있다. 그 행동을 비판하는 소리, 함부로 판단하는 소리, 불편하다고 쏟아내는 소리, 자신들이 "모두"를 대변하고 있다고 주장하는 그런 소리들을 조심하라. 그런 상황이 당신 책임 하에 있다면 그것들 모두를 당신이 잘 보살펴줄 것으로 그들은 기대한다. 당신이 그들의 부모나 선생님, 상사나 경찰, 그들이 알고 있는 모든 권위 있는 인물들을 대신할 수 있는 사람이기를 기대한다. 힘든 상황이야 어떻든 참석자들은 당신에게 모든 것을 기대하고 있다.

기대하는 영향 : 4가지 변화의 방

관습에 얽매이지 않고 새로 시도해볼 수 있는 스킬을 갖게 되면 불안감을 도움이 되는 쪽으로 활용할 수 있다. 부정적인 감정을 자제할 수 있게 해주는 아주 간단한 방법이 있다. 우리 동료인 스웨덴 사회심리학자, 클레이스 얀센(Claes Janssen(2005)이 만든 다이어그램 (4가지 변화의 방)이 바로 그것이다. 누구도 하루가 바뀌면 밝아오는 새벽을 피할 수 없듯이, 숨쉬는 것이 당연한 것처럼 우리 안에서 솟아오르는 불안감도 괜찮다는 것을 알게 된다. 그것이 얼마나 쉬운지 지금부터 자세히 들어보라.

다이아그램 이해하기

4가지 변화의 방은 우리에게 찬찬히 이야기를 들려주고 있다. 만일 내가 하는 말을 내재화 하기만 하면 사람들이 힘들어할 때 당신이 과

잉 대응하는 것은 훨씬 줄일 수 있다.

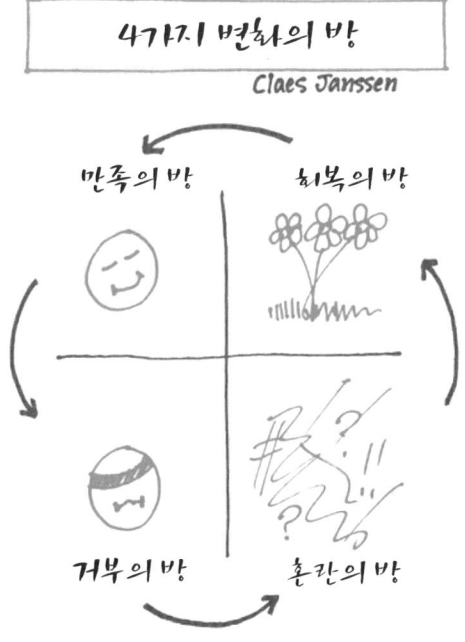

만족의 방 만족의 방에서는 모든 것 - 안전한 세상, 부드러운 빛, 음악, 편한 의자 - 에 아무 문제가 없다. 어떤 것을 바꾸고 싶은 마음이 전혀 일어나지 않는다. 그런데 그때 불쾌한 일이 하나 생겼다. 드디어 당신 마음에 천둥이 치고 지진이 발생한다. 그러면 당신은 그곳을 벗어나게 해줄 탈출구를 찾을 것이다. 이 상황이 되면 당신의 심리상태 가까이에 있는 '거부(denial)'라고 표시된 문 안으로 들어가게 된다.

거부의 방 '거부'의 방에는 창문도 없다. 숨 쉬는 것조차 힘들다. 자신의 감정에 걸터앉아서 마치 아무 일도 일어나지 않은 체 하며 자신을 검열하기 시작한다. 아주 큰 일이 일어나고 있다는 것을 깨닫기 전까지는 이 "거부의 방"에 오랫동안 앉아 있을 수 있다. 그러나 좀 더 세심하게 들여다보면 마음 속에 숨어 있는 감정들을 발견해낼 수 있다. 화를 내고 있는 당신, 좌절 때문에 힘들어하는 당신, 두려움에 떨고 있는 자신의 모습이 눈 앞에 나타난다. 여기서 빠져나가야 한다는 또 다른 강한 충동이 자신 안에서 일어나고 있다는 것을 알아차리기 시작한다. 더 이상 그 상황을 거부할 수 없는 상황까지 다다른다.

혼란의 방 이제 당신은 '거부의 방'을 떠나 '혼란의 방'으로 들어간다. '혼란의 방'으로 들어오면서 불안해하는 자신을 비로소 알게 된다. 여기서 당신은 주변에 있는 누군가를 비난하기 시작한다. 이 상황을 지배하고 있는 것은 혼돈과 갈등 뿐이다. 사람들은 서로를 대상으로 싸움을 걸거나 그 싸움으로부터 도망치거나 숨어버린다. 리더인 당신도 그들만큼 혼란스러워 한다. 그러나 당신은 이 상황을 바로잡아야 할 사람이다. 이제 당신은 이 상황에서 빠른 시간 내에 벗어나고 싶어한다.

지난 수십 년 동안 우리가 수행했던 큰 프로젝트마다 우리는 이 방을 방문해야 했다. 탈출의 기술을 알아내기 위해 이 방을 수도 없이 찾아와야만 했다. 그것은 싸우기 위해서가 아니었다. 도망치기 위해서도 아니었다. 신속한 해결책을 찾기 위해서는 더더욱 아니었다. 이 방에서 빠져나갈 수 있는 방법은 당신이 상상 하는 것보다 훨씬 쉬울 수 있다. : 사람들로 하여금 문제해결을 잠시 미뤄두게 하라. 그리고나서 자신들의 감정을 말로 표현하게 하고, 생각하는 것을 설명하게 하고, 다양한 옵션들을 탐색해보게 하라. 그리고 모든 사람이 하는 모든 말에 귀를 기울이게 하라.

회복의 방 몇 시간 같은 몇 분, 또는 며칠 같은 몇 분이 바람처럼 지나가고 나면 여러분 앞에 "회복의 문"이 활짝 열린다. 번쩍이는 영감(inspiration)들이 이 방을 지배한다. 이 방에서는 모든 것이 가능해 보인다. 그 이전까지 상상했던 것보다 훨씬 많은 해결방법들이 이 방 안 여기저기에 들어있다.

당신은 선택을 해야만 한다

이제 당신은 이미 경험했을지도 모를 어떤 것과 마주하게 된다. 한 번의 "예"에는 천 번의 "아니오" 가 숨어있다. 매력적인 해결안을 보고 "와, 맞아, 바로 이거야!"라고 하는 순간 당신은 "만족의 방"으로 돌아간다. 원래 있었던 그곳으로 돌아가지만 그곳은 이제 더 이상 이전에 있었던 그대로가 아니다. 당신은 그 방을 재발견하게 된다. "만족의 방"은 가장 생산적인 곳이다. 사람들은 리더들이 "만족의 방"과 "회복의 방"에서만 움직여 주기를 원한다. "거부의 방"과 "혼란의 방"을 좋아하는 사람은 아무도 없다. 그러나 당신은 물론 어느 누구도 그 방을 피해갈 수 없다. 힘든 상황에서 우리가 취할 수 있는 가장 좋은 전략은 크게 심호흡하고 사람들이 말을 계속할 수 있도록 허용해 주는 것이다. 어떤 긴장상황도 받아들여야만 한다고 말하는 이유가 바로 여기에 있다. 불안감은 건설적인 변화를 얻기 위해 우리가 지불하는 돈이다. 문제가 고조될 때는 대화가 최선의 해결책이다.

불안감이 주는 혜택

수십년 동안 부딪치고 경험하면서 알게 된 것이 있다. 사람들이 불안해할 때는 리더십이 가장 중요하다. 그들이 만족해 할 때는 별도의 행동을 취할 필요가 없다. 그러나 그들이 거부할 때는 아무 행동도 취할 수 없다. 혼돈상태에 있을 때는 뛰쳐나가고 싶어하지만 어떻게 해야 할 지 그 방법을 그들을 알지 못한다. 바로 이 때가 창의적인 선택으로 들어가게 되는 결정적인 순간이다.

어느 누구도 좋아하지 않는 혼돈이나 불안상황, 힘든 상황에 가치와 의미를 부여하는 것이 좋은 리더십이라고 보는 이유는 무엇인가? 우리는 끊임없이 변화가 일어나는 복잡하고 다양한 세상에서 인간이 가진 조건을 그대로 받아들이는 것에 대해 말하고 있다. 불안은 우리가 떨쳐버려야 할 것이 아니라 올바른 출구를 찾게 해주는 에너지로 활용해야 할 것이다.

나의 불안감을 그대로 담아두기로 결정했다

소피아 크리스티, 전 CEO
Birmingham East and North Primary Care Trust
(버밍햄, 잉글랜드)

내가 CEO로 부임했을 때, 내가 맡은 핵심과제는 전통적인 헬스케어 시스템을 재설계하는 것이었습니다. 부임하면서 가장 먼저 해야 할 것은 이전부터 이 회사에 근무해왔던 사람들에 대해 아는 것이었어요. 그래서 병원 근무자, 그 지역에서 환자들을 진료하는 의사, 위원회에서 활동하는 위원들, 환자, 그리고 자원봉사자들을 여러차례 회의에 불러 모았습니다. 회의를 할 때마다 그들은 미래에 도움이 될 수 있는 다양한 아이디어를 내놓았어요. 그들을 회의로 끌어들인 목적은 우리가 만든 핵심목표와 전략에 대해 그들의 동의를 받아내는 것이었습니다. 우리는 모든 사람들이 지지할 수 있는 야심찬 목표 3가지를 원했었어요. 모든 것을 하나로 묶기 위한 이틀 간의 회의에 이 다양한 그룹을 초대하긴 했지만, 중요한 결정을 해야 할 순간에 그들 모두가 나를 쳐다보고 내가 모든 책임을 지고 결정해주기를 기다릴지도 모른다는 걱정이 불쑥불쑥 올라왔어요. 그러나 그들은 시스템에 대해 나보다 훨씬 더 잘 아는 사람들입니다. 자꾸만 올라오는 불안감을 누르고 방향을 잡아 나갔습니다. 차츰 의사 대표, 이사회 이사장과 나는 오히려 우리가 그 회의에서 나가도 괜찮다는 생각을 하게 되었습니다. 모든 사람들이 하나의 그룹으로 뭉쳐서 활동하면 일을 충분히 잘해낼 수 있다는 믿음이 들었어요. 이런 내 생각을 사람들에게 털어 놓으면서 내가 얼마나 큰 위험을 감수하고 있는지 알게 되었죠. 그들이 그 일을 제대로 할 수 있을까? 우리 세 사람은 그 방을 나와 앉아 서로를 바라보며, "대체 우리가 무슨 일을 벌인 거죠?" 라고 말하며 쳐다봤어요.

다음 날 회의실로 돌아온 우리는 깜짝 놀라고 말았어요. 회의 참석자들이 팀의 목적을 명확하고 간결하게 정리해 놓고 우리를 기다리고 있었거든요. 뿐만 아니라 아주 대담한 목표까지 설정해서 보여줬습니다. "더 이상 기다릴 필요 없는 버밍험 동부지역 서비스"라는 제안을 보고 우리는 충격을 받고 말았습니다. 마치 헤드라이트 앞에 선 토끼가 된 듯했어요. 당시 사람들은 수술 한 번 받기 위해 2년을 기다려야 했고, 외래 진료를 잡으려면 6개월을 기다려야 했거든요. "기다리지 않기" 와는 너무나 거리가 멀었습니다. 정말, 기다리지 않게 된다면 어떤 일이 일어날까요? 우리는 그때 너무나 큰 통찰을 얻을 수 있었습니다. 책임감이라는 규율을 팀에게 심어줄 수 있는 흔치 않은 기회였습니다.

우리 3명의 리더들은 여전히 문 앞에 서 있었고, 사람들은 우리의 반응을 기다리면서 쳐다보고 있었습니다. 나는 여전히 충격 상태에서 벗어나지 못하고 있었습니다. 그러나 지금 물러날 수는 없다는 생각이 들었어요. 숨을 깊이 들이마시고 과민하게 반응하지 말자, 인정하고 넘어가자, 그리고 이 방에서 나가서 실컷 소리지르자, 온갖 생각이 머리를 스쳤습니다. 내 옆에 있던 두 명도 이미 얼어붙어 있었죠. 내가 그 목표가 괜찮고 수용하겠다는 말을 하지 않았다면 누군가 "그렇게는 못해요" 라고 말하는데 1초도 걸리지 않았을 겁니다.

나에 대한 불안과 그들에 대한 불안이 고스란히 내 안에 있었습니다. 나 혼자서는 도저히 그런 목표를 세울 수 없었을 겁니다. 그들이 만들어낸 "더 이상 기다리지 않아도 된다"는 서비스 목표는 우리가 서비스를 조직화하기 위해 내린 결정에 큰 영향을 미쳤습니다. 그것은 아주 냉혹하고, 끔찍할 정도의 수준이었고, 주목할만한 것이었으며 우리를 겁나게 하는 것이었습니다. "좋습니다." 라고 말했던 그 순간 보다 더 큰 불안감을 느낀 적은 그 이후로도 내게 일어나지 않았습니다.

2년 후에 당시 우리가 세웠던 목표를 평가하기 위해 다양한 분야에 있던 사람들을 다시 불러 모아 우리가 배울 수 있었던 것에 대해 함께 검토하는 시간을 가졌습니다. 모든 면에서 깜짝 놀랄 정도의 진전이 있었습니다. 당시 우리는 10년동안 아무도 지원하지 않아서 공석으로 남겨둘 수밖에 없었던 자리를 충원하기 위해 채용공고를 냈었어요. 지원자들 중 여러 명이 "서비스를 받기 위해 기다리지 않는 조직을 원했기 때문에 지원하게 되었다"고 말해서 우리는 또 한번 놀랐습니다.

불안을 다스리는 10가지 방법

우리가 제시하는 방법은 특별한 교육을 필요로 하는 것이 아니다. 감정을 밖으로 표출하지 않고 억제할 수 있는 능력인 자기인식에 달려 있다. 우리가 만들어낸 전략은 회의에서 발생한 불안상황을 신나고 재미있는 상황으로 바꾸는 데 도움을 주기 위한 것이다. 당신이 필요로 하는 것을 더 많이 만들어내지 않는 한 당신은 언제나 부족한 상태에 있을 수밖에 없다. 인내심을 갖도록 하라.

당신의 인내심을 향상시킬 수 있는 10가지 방법이 여기에 있다.

1. 참석이유를 명확히 이해한다

모든 회의가 중요하다는 것을 상기시켜라. 중요하지 않다면 취소하라. 동료인 래리 드래슬러 (Larry Dressler)는 "회의하기 전에 조용한 시간을 가지고 스스로에게 물어보세요. 내가 어떤 기여를 할 수 있을까? 타협할 수 없을 정도로 중요한 아이디어는 무엇인가?" 라고 말했다. 내가 '나의 중심'을 안다면, 불안과 갈등, 혼란 속에 서 있을 때도 '나의 중심'에 쉽게 접근할 수 있다.

2. 그냥 그 순간 선 채로 심호흡을 하라

우리는 불안할 때 숨을 참는 경향이 있다. 다루기 힘든 사람들과 마주치면 더 그렇다. 숨을 참으면 스트레스가 높아진다. 폐에 있는 이산화탄소를 산소로 바꾸는 두 번의 심호흡으로 할 수 있는 일이 어떤 것인지 당신이 알면 깜짝 놀랄 것이다. 산소는 이 지구에서 우리가 무료로 사용할 수 있는 가장 위대한 에너지의 원천이다. 불안해지면 산소를 듬뿍 마시도록 하라. 자신이 충분히 진정할 수 있을 때까지는 섣불리 행동을 취하지 않도록 하라.

3. 당신이 부정적으로 예상하고 있는 것을 확인해 보라

부정적인 예상은 일이 잘 되고 있을 때 조차도 잘못 될 수 있다고 생각하는 것을 말한다. '난 해낼 수 없어, 내게 비난이 쏟아질 거야.' 라는 생각으로 미래에 뛰어든다. 예상했던 일이 일어나도 기분은 나쁠 것이다. 부정적인 예상을 하고 있지는 않은가? 다른 사람들도 비슷한 정도의 불안을 느낄 수 있다. 기다리면서 지속적으로 주의를 하면 상황을 명확하게 이해할 수 있게 된다는 사실을 알기만 해도 당신은 여러가지 혜택을 얻을 수 있다. 일어나지도 않은 일이 일어난 것처럼 행동하지 않도록 주의하라. 그냥 궁금한 상태에 머물러 있기만 하라. 이것이 바로 불안이라는 에너지를 활용할 수 있는 좋은 방법이다. 20초를 기다린다고 해서 당신의 선택에 큰 문제가 일어나지는 않는다. 당신은 안도감을 느끼게 되고 다른 사람들은 더 잘 해낼 것이다.

4. 당신 내면에서 일어나고 있는 대화를 따라가 보라

회의를 리드하는 동안 자기 생각의 흐름을 따라가는 것은 지하에 숨어있는 거대한 강물을 탐험하는 것과 같다. 사람들이 어떤 동기와 태도를 가지고 있다고 우리 마음 안에서 생각하는 '마음 읽기(mind-reading)'에 우리가 얼마나 자주 빠지게 되는지 당신은 짐작이나 하는가? : "책상 아래서 핸드폰을 사용하는 저 여자는 뭐지? 여기 있고 싶지 않은 거야. 물어봐야겠어. 아마 당황할 수 있겠지? 여기 있고 싶은 사람은 아무도 없어. 모두 빨리 대답해주기만 기대하잖아. 난 그들의 기대를 충족시키지 못할 거야. 내가 아니면 누가 하지? 내가 사장인데, 도대체 뭘 해야 할 지 알아야 뭐라도 하지."

이런 내적 대화는 끊임없이 일어난다. 만약 사람들이 긴장된 상황에서 당신 머리 속으로 지나가는 생각을 확성기로 들을 수 있다면, 그들은 즐거워하며 온통 난리가 날 것이다. 그러나 당신 혼자만 그런 내적 대화를 하는 것은 아니다. 방안에 있는 모든 사람들이 하고 있는 내적 대화를 상상해보라. 그것을 정상이라고 생각하라. 불안을 억제하는 것도 당신의 일이다. 현재 일어나고 있는 것을 확인해보라. 어떤 움직임이 일어나고 있는지 주의 깊게 살펴보라. 그들 내면에서 일어나고 있는 대화가 비로소 보이기 시작할 것이다.

5. 얼마나 오래 침묵할 수 있을지 실험해보라

리더십 세미나를 할 때였다. 사람들에게 일어서서, 눈을 감고 회의를 리드하는 장면을 상상해보게 했다, "어떤 것이든 말할 분 계세요?" 라고 큰소리로 말해보게 했다. 누구도 답변하지 않는다. 조용히 눈을 감고 행동을 취해야 할 필요를 느끼게 되면 손을 들게 했다. 언제나 그렇듯이 10초 이내에 첫 번째 손이 올라간다. 20초가 지나면 그룹의 4분의 1정도가 손을 들고 거의 모든 사람들이 1분내에 손을 든다. 소수만이 다리 힘이 풀릴 때까지 말없이 서있을 것이다.

만약 당신이 침묵을 필요로 하는 리더라면 다음 회의에서 이 방법을 시도해보라. : 아무것도 하지 마라. 말을 해야 한다고 느끼는 순간을 알아차리기만 하라. 조용히 서서 30초나 40초 이상을 기다릴 수 있는가? 당연히 할 수 없을 것이다. 우리도 다르지 않다. 그것은 영원성이며 불멸의 순간이다. 대신 조용히 10을 세라. 한 시간처럼 느껴질 것이다. 누구에게도 해를 끼치는 것은 아니다. 단지 누군가 모든 것을 바꿀 수 있는 말을 할 수 있는 충분한 시간을 주기 위해서이다. 다행스럽게도 어떤 회의이든 무슨 말을 해야 하는지 아는 사람이 있다. 종종 그들은 자신이 이미 알고 있다는 것을 모르고 있을 뿐이다. 우리가 충분히 기다려줄 때, 자신이 알고 있다는 사실을 그들이 비로소 알게 된다는 것을 이제 당신은 알게 되었다. 그저 기다려주기만 해도 회의를 적극적인 대화로 전환할 수 있고, 현실을 확인하고 창의적인 협력의 순간으로 바꿀 수 있다. 이것은 지금까지 당신이 학습했던 것 가운데 가장 배우기 어려운 것일지도 모른다. 그러나 당신이 이것을 직접 경험해볼 수 있을 때까지 우리 말을 믿고 한 번 시도해 보라.

6. 사람들이 움직이도록 하라

불안감을 가라앉히는 데는 움직이는 것이 최고다. 사람들이 달아나고 싶어할 때라고 당신이 느낀다면 그 때가 바로 그들을 움직이게 할 때다. 대규모 회의를 할 때 우리는 사람들이 자주 움직이도록 한다. 소그룹을 만들어 그들이 하고 싶은 대화를 스스로 이끌어가게 한다. 회의 스케줄과는 별도로 개인적으로 휴식을 취하게 하기도 한다. (만일 사람들이 어떤 주제에 몰두해 있다면, 그들은 더 이상 회의에 집중할 수 없다) 짝을 지어서 논의주제와 움직임을 엮어보게 할 수도 있고, 밖으로 산책을 나가거나, 모든 사람이 걱정하는 고민에 대해 이야기를 나누게 할 수도 있다.

7. 명확한 것을 말하라

전설적인 게슈탈트(Gestalt) 교사인 프레드릭 펄스(Frederick S. Perls, 1957) 가 대중을 대상으로 강의를 했을 때 일어났던 유명한 일화가 있다. (옮긴이 주석: '형태'라는 의미의 독일어인 게슈탈트 치료는 프레드릭 펄스(F. Perls), 로라 펄스(L. Perls), 굿맨(Goodman) 등이 1940~1950년대에 걸쳐 개발한 심리치료접근이다. 지금-여기에 대한 인식과 개인과 환경 간 접촉의 질을 강조하는 경험적 심리치료로서 정신분석과는 달리 정신병리학적 현상에 대해 역동적인 해석을 거의 하지 않는다. 그리고 정신분석을 포함한 요소주의 심리학에 반대하여 게슈탈트 심리학의 영향하에 과정적이고 종합적인 심리학 운동으로 나타났다. 게슈탈트 치료의 목적을 한 가지만 꼽으라 한다면 알아차림의 증진일 것이다. 자신의 욕구와 감정을 정확하게 알아차려야 이를 환경과의 접촉을 통해 해소할 수 있게 된다. 내담자가 현재의 순간을 충분히 경험할 수 있도록 하고, 그들이 생각하고 느끼고 행하는 것을 충분히 알아차리도록 도와주는 일은 매우 중요하다. 펄스는 끊임없이 외부의 것을 받아들이고 이를 동화시켜 개체를 변화시킴으로써 외부와의 유기적인 관계 속에서의 성장이 살아 있다는 것을 의미한다고 하였다. 상담학 사전, 2016. 01. 15., 학지사) 그는 강의 도중에 갑자기 멈추고는 "지금 더 이상 할 이야기가 없습니다" 고 하고는 입을 닫아 버렸다. 당시 있었던 일을 기록한 글에 따르면, "불편해하면서 여기저기서 튀어나오는 웃음"을 담은 침묵이 흘렀다고 한다. 펄스는 몇 초 동안 아무 말도 하지 않고 기다렸다. 마침내 그가 말했다. "지금 제가 한 것이 전형적인 게슈탈트 치료법의 한 부분입니다. 나는 내가 느낀 대로 표현했고 이 표현을 통해서 나아갈 수 있었습니다. 나는 관계를 재정립했고 따뜻한 웃음을 느꼈습니다. 그 순간 여러분과 내가 함께 하고 있다는 것을 느낄 수 있었습니다. 내가 침묵함으로써 나나 여러분은 오히려 불편함을 끝낼 수 있었습니다."

당연한 것을 말할 수 있을 때 여러분은 자신을 돌보면서도 동시에 다른 사람들도 자유롭게 해줄 수 있다. 여러분도 인정하겠지만, 우리가 많이 사용하는 말들이 있다.

"이 점에 대해 많은 의견이 나왔습니다. 이게 전부인가요?"

"당신은 어떤지 모르겠으나 저는 좀 쉬어야 겠어요."

"분명히, 이 문제는 감정을 크게 불러일으킬 겁니다."

"지금 이 순간 어떻게 해야 할지 전혀 생각이 나지 않습니다."

분명하다고 생각하는 것을 말해야 할 때, 10초만 기다려라.

8. 참석하고 있는 그룹에게 물어보라

때때로 다음에 뭘 해야 될지 알지도 못한 채 리드하고 있는 자신을 마주할 때가 있다. 사람들에게 도움을 청하게 되면 그들은 무엇을 해야 할 지 알고 있는데도 말이다. 아무 진전도 없는 회의를 잠깐 멈추고 사람들이 어떻게 생각하는지 물어보는 것이 좋다고 우리는 배웠다. 만약 당신이 진행하는 회의에서 더 이상 어떤 일도 일어나지 않으면 이 방법을 한번 써볼 것을 권한다. "잠깐만요, 여러분 회의를 여기서 멈추겠습니다. 더 이상 회의를 계속 할 필요가 없습니다". 그리고나서 돌아가면서 계속 진행하고 싶은 지 물어보라. 어떤 일이 일어날 것 같은가?

9. 듣고 싶지 않은 것을 듣고 성장하라

당신이 믿을 수도 없는 말이 누군가에게서 나올 때, 내 생각과 다른 아이디어가 나올 때, 우리를 움츠러들게 하는 행동들이 회의에서 나타날 때마다 그 모든 것을 참아 내기 위해 우리는 온갖 노력을 다해 본다. 옳은 것과 그른 것, 진실과 거짓, 단어의 의미에 대해, 자신과 다른 사람들이 가지고 있는 개념 사이에 서서 내면으로부터 끊임없이 줄다리기 하게 된다. 부정적으로 예측하고 있는 자신, 상대의 마음을 함부로 읽어버리는 것, 고정관념에 빠지는 것, 불신감, 그리고 불안함, 이 모든 것이 어떤 잠재적인 가능성을 가지고 있는지를 경험하면서 우리는 다른 사람들이 그렇게 하는 것을 비로소 받아들일 수 있게 된다.

그래서 불안을 다스리기 위해 말하고, 질문하고, 설명하고, 반복하고, 주제를 전환하는 행동 경향에 대해 우리는 반대한다. 우리는 즉각적인 반응을 하지 않은 채, 모든 견해를 들을 수 있는 방법을 찾기 위해 노력한다. 모든 말에 가치가 담겨 있다는 우리의 철학에 맞게 우리가 행동하는 한, 다른 사람들도 훨씬 쉽게 그렇게 할 것이다.

10. 사람들이 거부와 혼란을 받아들일 수 있도록 도움을 주라

2-3분만 투자해서 설명하면 사람들은 거부와 혼란을 받아들일 수 있다. 회의를 시작하기 전에 벽에 '4가지 변화의 방'에 대한 다이어그램을 붙여두고 있다가, 회의가 시작하면 이 4개의 방 각각에 대해 간단히 설명해주기만 하면 된다. 무슨 일이 일어나든 당신이 받아들인다는 것을 참석자들이 알면, 그들이 받아들일 가능성은 더 높아진다. 거부와 혼란이 일어나는 것을 지극히 정상적인 현상이라고 당신 자신이 생각하면 다른 사람들도 그렇게 생각할 것이다. "지금까지도 거부 당하고 있다고 추측해보세요" "아직도 혼동의 방 속에 있어요" 라고 하는 말을 수십 번 들어왔다. 참석자들 스스로 자신들이 어느 방에 있는지 알아차릴 수 있는 통찰력을 갖게 되는 순간 그들은 한 팀이 되기 위해 서로 협력하는 행동을 보인다. 만약 당신이 그렇게 하면 그들도 당연히 그렇게 할 것이다.

요 약

리더십 스킬 3 :
불안 속에는 당신을 "신나게 하는 무엇"이 들어있다고 생각하라

위기감이 팽배한 상황, 그것을 해결할 방법이 마땅히 떠오르지 않으면 그 불안을 피할 수 없는 여행의 동반자로 받아들이도록 하라. 무질서함이나 애매함 또는 불확실성처럼 자연스럽게 일어나는 현상에 인내심을 가지고 대함으로써 당신의 리더십 역량을 높일 수 있다. 불안함을 통제할 수는 없다. 다만 그것을 다르게 받아들일 수는 있다. 리더십 스킬이 높은 사람들은 당신이 평소에 인내할 수 있는 시간보다 더 오래 참고 기다릴 수 있다.

리더십 스킬 3 활용방법

- ◆ 위험부담이 큰 회의를 이끌어야 한다면 "변화를 위한 4개의 방"을 먼저 제시하라.

- ◆ 상황이 당신을 힘들게 하면, 두, 세번 심호흡을 해보라.

- ◆ 10초 정도 침묵 속에 서있을 수 있는 순간에 그 순간을 채울 수 있는 사람이 누구인지 지켜보라.

- ◆ 참석자들이 너무 오랫동안 자리에 앉아 있었다면 돌아다닐 수 있게 하라.

- ◆ 참석자들이 돌아다니면서 짝을 지어 서로 대화할 수 있게 하라.

- ◆ 다음에 뭘 해야 할 지 잘 모르면 그룹에게 물어보라. 예를 들면, "오케이, 다음엔 어떻게 하는게 좋을까요?"

4

리더십 스킬

개인적으로 받아들이지 않도록 하라

권한 투사의 바다에서
수영하기

핵심포인트

◆ 당신이 리더라면 사람들은 당신에 대해 이런저런 말을 만들어낼 것이고, 당신도 그들에 대해 말을 만들어낸다.

◆ 이렇게 지어낸 말들을 숨겨둘 수는 있지만, 저변에 깔려 있는 감정과 뭔가 맞지 않은 것 같은 행동들은 새어 나올 수 밖에 없다.

◆ 다른 사람이 한 말이나 행동에 반응하여 감정적인 행동을 보이면 불필요한 고통이 따라온다.

◆ 우리가 자신을 투사하게 되면 동료나 상사, 고객, 공급업체, 또는 가족에게 그 영향이 간다.

◆ 우리가 일반적으로 대응하는 방식은 뒤로 물러서거나 대립하는 것이다. 그러나 스킬이 높아지면 자신이 투사하고 있다는 것을 인정하고, 다른 사람들이 투사하는 것을 내버려둘 줄 안다.

◆ 이번 장에서는 당신이 "현실"을 만들어낼 수 있는 방법을 경험할 수 있도록 도와줄 것이다.

투사한다는 말은 원래 우리 안에 들어 있는 특성을 다른 사람에게 돌리는 것을 의미한다. 성직자의 옷을 입거나 제복을 입은 사람에게 당신이 어떻게 반응하는지 한번 생각해보라. 그 다음에는 반바지에 티셔츠를 입고 있는 같은 사람을 상상해보라. 이런 것을 투사라고 한다. 누군가가 "제 이름은 누구누구 입니다. 제가 이 회의를 책임지고 있는 사람입니다"라 말할 때 당신 머릿속에 떠오르는 생각을 주목하라. 저항을 할 것인가, 아니면 협조를 할 것인지는 그 사람의 모습, 행동, 목소리 톤이 어떻게 투사되는가에 달려있다. 투사는 당신이 만들어내는 당신만의 이야기다.

다른 사람에 대해 당신이 투사할 때는 그 안에 당신 자신이 가지고 있는 어떤 모습을 보여주는 단서가 들어있기 때문이다. 그 모습은 자신이 부정하거나, 혐오하거나 존경하는 부분일 수 있다. 특별한 의도나 생각 없이 우리는 투사를 하게 된다. 우리는 자신의 마음이 경험하고 싶어하는 모습을 다른 사람들에게서 보고, 듣고, 느낀다. 지금은 고인이 된 동료인 짐 마셀코(Jim Maselko)는 "우리 모두는 같지만 다른 회의에 함께 참석한다"고 말했다. 언제나 이런 현상이 일어날 수 있다는 것을 아는 것은 리더십에서는 매우 중요하다. 왜냐하면 권위를 가지고 있는 사람들이 투사를 가장 많이 하기 때문이다. 다른 사람이 우리를 어떻게 투사하는지 아는 것은 거의 불가능하다. 우리가 무의식적으로 투사를 하기 때문이다.

투사 상황 경험해보기

어떤 상황에서 "개인적으로 받아 들이는 것"은 우리 모두에게 아주 위험한 선택이다. 성격은 잊어 버려라. 당신이 맡고 있는 역할이 투사를 불러일으킨다. 그것은 투사를 하는 사람이 권위에 대해 어떤 경험을 가지고 있는가에 달려있다. 당신은 원인을 제공하는 것이 아니라 자극제 역할을 한다. 우리는 다른 사람들이 우리에게 이런 저런 감정을 느끼게 한다고 믿으면서 자랐다. 이제 우리는 투사의 개념소개를 넘어 당신 자신이 투사하고 있다는 것을 매일 경험할 수 있도록 돕고자 한다. 회의나 우연하게 찾아오는 만남, 일대일 만남에서 일어나고 있는 투사를 여러분이 알아차릴 수 있도록 알려주고 싶다. 이런 알아차림을 통해 리더십 역량을 높일 수 있는 방법을 여러분에게 알려줄 것이다.

"개인적으로 실망을 느끼지는 않습니다."

조안 올제크비스트, CEO, 프라이슈셋
(스톡홀름, 스웨덴))

나는 25년동안 리더로 일해왔습니다. 젊은 시절부터 리더 역할을 시작했어요. 그래서 그런지 큰 고통을 느끼지 않고도 실망하는 법을 배웠습니다. 어떤 사람이 가지고 있는 능력을 신뢰할 수는 없는 경우에도 그 사람 때문에 마음 상해 하지는 않아요. 그렇게 하면 내 에너지를 잃어버리기 때문입니다. 실패하는 것 자체는 문제가 되지 않아요. 실패했다는 것을 깨닫고 그것으로부터 배울 수만 있다면 나 개인적으로는 실망하지 않습니다.

사람이기 때문에 우리는 자신에 대한 것을 투사하게 됩니다. 우리가 신뢰하는 어떤 사람이 실패하게 되면, 그 사람의 실패를 아주 쉽게 자신의 실패로 받아들이게 되죠. 그렇지 않은가요? 그렇지만 나는 그렇게 느끼지 않습니다. "그래, 그 사람은 실패했지만 뭔가 다른 방법이 있을 거야" 라고 자신에게 말해줍니다. 그리고 나서 다른 방법을 찾으려고 노력하죠.

자신이 채용했던 직원이 그만두면 심하게 스트레스 받아서 그 직원에게 화를 내면서 "넌 내 진심을 함부로 대했어!" 라고 말하는 리더들을 알고 있어요. 자신이 신뢰했던 사람들이 떠나가기 때문에 불안해서 그렇습니다. 하지만 그 상황은 내가 잘못해서 벌어진 게 아니예요. 그냥 그 직원이 직장을 옮기는 것 뿐입니다. 내가 어떤 영향을 줬을 지는 모르지만….

투사를 실제 상황에서 경험하는 것이 가장 좋긴 하지만, 그 현상을 혼자 연구해볼 수도 있다. 새로운 통찰을 줄 뿐만 아니라 실제 적용해볼 수 있게 해줄 간단한 방법이 있다. 이 방법을 연습하면 사람들을 리드할 때 더 큰 확신을 가질 수 있을 뿐만 아니라 개인적으로는 자유를 얻을 수 있다.

할 수 있는 한 당신 자신에 대해 더 많은 부분을 찾아내도록 하라

자신이 투사하고 있다는 것에 대한 경험이 많을수록 그에 따라 행동할 가능성은 더 낮아지고, 자신의 권위에 손상을 가져올 수 있는 행동을 무의식적으로 하는 일도 줄어들 것이다. 기회가 생길 때마다 자신이 가지고 있는 새로운 면을 발견하는 것이 중요하다. "인정한다"는 말은 여러분이 동경하거나 혐오하는 자기 안에 있는 자신의 특성을 받아들이는 것을 의미한다. 인정함으로써 얻을 수 있는 이점은 너무나 많다.

- 당신이 리드할 수 있는 사람들의 범위가 넓어진다.
- 다른 사람들에 대해 함부로 거부하거나 이상적으로 생각하는 경향을 줄일 수 있다.
- 완벽해야 된다는 생각에서 자유로워질 수 있다.
- 기대하지 못한 일이 일어나도 불안함을 억제할 수 있다.
- 자아를 위협하는 일이 줄어든다.
- 어떤 상황을 개인적으로 받아들이는 경향을 줄일 수 있다.

우리는 자신이 "지각한 것"을 어떻게 투사로 바꾸는가

투사는 지각에서 시작한다. 개인의 성장을 도와주었던 2명의 전문가인, 지금은 고인이 된 존 웨이어와 조이스 웨이어(John & Joyce Weir, Mix, 2006) 덕분에 우리는 이것을 배울 수 있었다. 그들은 우리가 이미 지를 어떻게 우리에게 독특한 "지각"으로 받아들이는지 보여주었다.

그것은 우리의 감각에서 처음 시작한다. 우리의 두뇌는 이야기를 만들어내고, 우리는 그것이 사실인 것처럼 행동한다. 왜 그러냐고? 우리의 무의식이 즐거움을 극대화하고 고통을 최소화하는 방법이 바로 그것이기 때문이다(Weir, 1975).

고통과 즐거움을 만들어내는 것은 개인에 따라 차이가 있다. 유전자, 가족, 문화, 민족성, 교육, 종교, 성별, 나이, 가치, 꿈, 건강 등과 같은 독특한 "필터"로부터 당신의 지각이 생겨난다. 당신은 혼자서 이것들을 결합하게 된다. 우리는 자신의 머리 속에 있는 스크린에 끊임없이 영화를 상영한다. 영화의 대본은 좋은 감정과 나쁜 감정에 따라오는 의견, 판단, 필요 그리고 욕구에 의해 연속적으로 만들어진다. 그것 때문에 어떤 사람이 "통제 불가능" 하다고 보는 사람을 다른 사람은 "에너지가 넘치고 의욕적인" 사람이라고 인식할 수도 있는 것이다.

인식변화를 통해 당신의 삶을 바꾸도록 하라

모든 상호작용에는 자아발견의 씨앗이 들어있다. 예를 들어, 우리가 누군가에게 화를 낼 때마다, 자신에 대해 더 잘 알아야 할 중요한 한 부분을 경험할 수 있다. 당신이 보고 듣고 만지는 것이 바로 그런 새로운 발견의 원천이 된다. 그것은 당신 외부에 존재한다. 그것을 가지고 당신이 어떻게 하는지에 대한 선택이 바로 당신의 행동이 된다. 사실 모든 행동은 우리 내부에 존재한다. 우리 모두는 모든 부분을 다 가지고 있다. 우리들 개개인은 자신만의 독특한 조합을 가지고 있다. 그것은 지구상에 있는 어느 누구에게도 존재하지 않는 것이다. 여러분이 자신에 대해 지금까지 깨닫지 못했던 부분을 알게 된다는 것은 더 나은 지도자가 되기 위한 열쇠를 손에 쥐는 것과 같다. 더 많은 부분을 발견할수록 다른 사람의 그물에 "걸려들" 가능성이 그만큼 낮아진다. 새로운 상황에서 발휘할 수 있는 유연성도 높일 수 있다. 다른 사람이 던지는 칭찬에 덜 의존하게 되고 비난도 덜 받게 된다. 효과적으로 이끌 수 있는 사람들의 범위와 다양성 또한 더 확대될 것이다.

"지각 언어(Percept Language)"로 말하기

다행히도, 자아발견을 가속화 할 수 있는 방법이 있다. 웨이어 부부는 단지 그 목적을 위해서 영어에서 언어적인 변형을 발견해냈다. : 존 웨이어는 그것을 '지각 언어(percept language)'라고 이름을 붙이고, 일상적인 어법인 '객체 언어(object language)'와 대비시켰다. 당신은 '객체 언어'를 통해 자신이 경험한 것을 객관화 하게 된다.

반면에 당신은 '지각 언어'를 써서 당신 자신만의 경험을 만들어 낸다. 그 경험이 어떤 것이든 당신 내면에서 일어나는 모든 것은 당신으로부터 시작된다. 세상을 바라보는 당신의 방식이라고 할 수 있다. '지각언어'가 하는 유일한 기능은 당신 자신의 실재를 당신이 어떻게 만들어내는지 경험할 수 있게 해준다.

다음 내용이 처음에는 이상하게 보일 수 있지만, 그것을 시도해 보면 다른 어떤 곳에서도 얻을 수 없는 통찰을 얻을 수 있다. 이 지각 시스템에서 당신은 자신이 지각한 대로 행동하게 된다. 세상은 저 밖에 존재한다. '지각 언어'는 "나" 또는 "나에게"와 같은 대명사만 사용한다. "그것", "이것", 또는 "저것"이라는 말은 절대 하지 않는다. '지각 언어'는 활동적인 동사만을 사용한다. 당신 내면에 있는 모든 행동을 다 행동으로 취한다. '지각 언어'는 모든 명사나 형용사에 "나의 한 부분"이라는 구절을 추가로 붙인다.

"저 멍청한 질문을 어리석게도 참고 있다"는 말은 '객체 언어'로 표현된 것이다. 이것을 '지각 언어'로는 "내 일부인 멍청한 질문때문에 내가 나를 참아주고 있다"라고 표현한다.

이것을 큰 소리로 입밖으로 내보면 당신 내면에서 일어나고 있는 투사의 스크린이 훨씬 선명해지는 것을 경험할 것이다. 그렇게 되면 당신이 하고 있는 상호작용과 리더십 스킬을 높일 수 있다. 당신의 힘이 미치지 않는 곳에 있던 자신의 한 부분을 회복할 때마다 스스로 정한 한계로부터 자신을 자유롭게 할 수 있다. 다른 사람들이 가지고 있는 특성 때문에 "걸러드는" 일이 다시는 일어나지 않을 것이다.

회의를 주도하는 상황을 예로 들어보자. 불안이 일어나지 않도록 모든 조치를 취해야 한다고 주장하는 사람들에 대해 짜증을 내고 있는 것을 예민하게 인식할 수 있다. 이것에 대해 성찰하다 보면, 우리가 얼마나 스스로를 압박하는지 알 수 있게 된다. 우리 역시 다른 사람들과 마찬가지로 불안해지는 것을 좋아하지 않는다. 이런 사실을 알게 되면서 우리는 완벽주의자들을 보다 많은 인내심을 가지고 대할 수 있다. '지각 언어'를 통해 우리 안에 완벽주의자적인 부분을 가지고 있는 우리 자신을 좀 더 참아줄 수 있다. 물론, 누구도 지각언어로 말하지는 않는다. 다만 다른 사람이 듣지 않는 곳에서 이렇게 말해보면 많은 것을 배울 수 있다는 것을 말하고 싶을 뿐이다.

지각 언어 기반 다지기

다음의 4가지 원칙을 적용하면 지각 언어를 제2언어로 만들 수 있다.

1. 당신 자신을 모든 생각과 감정, 행동의 기반이 될 수 있도록 만들어라. "그것, 이것, 저것" 이라는 표현을 "나와, 나에게" 라는 표현으로 바꿔보라.

객체 언어	지각 언어
그건 그다지 문제가 되지 않아.	나는 신경 쓰지 않아.
그건 이해가 되네.	나는 이해할 수 있어.

2. 수동형 동사를 능동형 동사로 바꿔보라. 매순간 당신을 배우로 만들어라.

객체 언어	지각 언어
지루하다.	내가 나를 지루하게 하고 있어.
그거 신나는 일인데요.	내가 나를 신나게 만들고 있어.

3. 각 명사와 대명사에 "나에게 또는 나의 일 부분" 이라는 구를 붙이도록 한다.

객체 언어	지각 언어
당신은 나를 실망시키고 있어.	내 안에 있는 당신 때문에 나 스스로 실망하고 있어.
그가 내 삶을 즐겁게 해줘.	내 안에 있는 그 사람 때문에 내가 내 삶을 즐겁게 만들고 있어.

4. 잠시라도 "내 생각에는, 내가 느끼기에는, 내가 보는" 이라는 표현을 접고, "나는 내 안에 내 일부인 _____ 를 가지고 있다"는 표현으로 바꿔보라.

객체 언어	지각 언어
나는 그녀가 대단하다고 생각해.	내 안에 있는 그녀는 내가 가지고 있는 대단한 부분 중 일부분이야.
나는 그 팀이 혼란스럽다고 느껴.	내 안에 있는 그 팀은 혼란스러워 하는 내 일부분이야.

당신의 (지각) 언어를 주시하라

모든 일상적인 대화에서 지각을 경험하는 것은 아니다. 만약 여러분이 회의에서 "파워포인트에 대한 자신의 한 부분"에 대해 이야기를 하면 대부분의 사람들은 당신을 정신 나간 사람이라고 생각할 것이다. 이때 당신은 자기 내면에서 일어나는 움직임을 통해 자신의 새로운 모습을 재정의하기 위해 지각을 사용하게 된다. 지각을 사용하는 목적은 당신의 감각에서 시작하여 당신의 머리로 이동해가는 당신 자신을 바라보고 인식하기 위해서이다. 그 이후부터는 어떤 것이든 일어날 수 있다. 여러분이 자기 안에 존재하는 그들의 모습에 대해 언제 투사하는지까지 알 필요는 없다. 그러나 당신이 그들의 작은 약점들을 더 많이 받아 들여주면, 그들은 비로소 그들 안에서 새로운 당신을 경험할 수 있게 된다.

당신은 언제든지 지각 상태에서도 생각할 수 있다. 전략회의를 이끄는 동안에도 끊임없이 우리 머리 속에서 일어나는 생각을 해석해낼 수 있는 우리 능력은 정말 소중한 것이다. 우리는 객관적인 언급 보다는 우리 안에 존재하는 그들의 부분으로서 그들의 판단을 들을 수 있다. 우리 안에 있는 사람이 그들 안에 있는 사람과 함께 세상을 구성하는 방식을 듣기 위해 우리는 함께 앉아서 대화를 하는 것이다.

참가자: 계속 반복해서 일어나는 것 때문에 너무 실망이야!.

우리 (침묵속에서 해석): 내 존재 안에는 실망한 그녀의 일부분이 들어 있다. (그녀는 지금 자신이 실망한 것에 대한 내 책임을 말하는 것이 아니라 자신이 경험한 것을 내게 말하고 있다.)

이런 방식으로 자신을 대하면 우리는 자신에 대해 더 많은 것을 배울 수 있고, 그들 안에 있는 우리의 일부분에 대해서도 인내심을 가지고 대할 수 있게 된다.

경험 지각하기

우리가 '지각 언어'로 자신을 대할 수 있으면, 개인적으로 받아들이는 것은 훨씬 줄어들 것이다. 누군가 당신에게 비판적인 말을 하면 (자신에게) 이렇게 말해 보라. : 내 안에 존재하고 있는 그녀(비판하는 사람의 이름)를 통해 내가 나를 비판한다. 그 상황에 당신이 반응하고 있고, 당신은 그것을 비판이라고 부르고 있으며, 당신은 그 상황에 대해 죄책감을 경험하고 있고, 당신이 감정을 만들어내고 있다는 것을 인식하라. 그러면 이제 그 사람은 당신의 지각 스크린 위에서 하나의 이미지로 전환될 것이다.

회의를 주도할 때, 산드라는 한 여자가 회의실 뒤에서 얼굴을 찌푸리고 있는 것을 발견했다. 그 여자 얼굴은 온통 불만 투성이였다. 그녀가 자신을 불편하게 만든다고 생각했다. 저 여자 도대체 뭐가 문제야? 휴식시간에 그 여자가 자신을 향해 걸어오자 산드라에게 드는 생각, "어쩌지? 그녀가 걸어오고 있어!"

"말씀드릴 게 있어요", 그녀가 말했다. "당신을 보니 제 여동생이 생각나요. 제가 여동생을 별로 좋아하지 않거든요. 그렇지만 제 말을 개인적으로 받아들이지는 마세요!"

요 약

리더십 스킬 4 :
개인적으로 받아들이지 않도록 하라

투사는 우리가 좋아하거나 거부하는, 바로 거기에 있는 우리의 부분들을 경험하는 것을 의미한다. 아무도 당신에게 어떤 것을 행하지 않는다. 자신의 투사를 경험함으로써 얻을 수 있는 중요한 이점은 다른 사람들이 하는 말이나 행동을 개인적으로 받아들이는 것을 멈추기 위해 그것으로부터 충분한 거리를 둘 수 있다는 점이다. 이런 존재방식에서는 자신의 판단과 두려움, 환상을 스스로 선택할 수 있게 된다. 당신은 "당신 자신으로" 행동하게 된다. 다른 사람들이 사실과 진실이라고 하는 말이나 현실이라고 하는 말을 당신 안에 존재하는 그들의 일부에 대한 지각으로 들을 수 있다. 그렇게 하면 당신이 어떤 행동을 하게 하거나 느낌을 갖게 한 그 사람을 비난하는 경향을 줄일 수 있다. 투사가 일어나는 것을 통제할 수는 없다. 다만 당신과 다른 사람들 안에서 일어나고 있는 투사를 알아차리면 다양한 새로운 리더십 대안을 얻을 수 있다. 자신 안에 들어있는 다양한 모습을 알게 되면 다른 사람들이 가지고 있는 당신에 대한 여러 모습을 알 수 있다.

리더십 스킬 4 활용방법

- 4장을 읽으면서 발견한 당신의 긍정적인 면과 부정적인 면을 정리해 본다.
- 이렇게 알아차린 것을 오늘 사용해본다.
- 최근에 다른 사람에게 투사했던 당신의 어떤 모습을 떠올려본다.

리더십 스킬

싸우지도 말고, 도망가지도 말라

다름이 당신에게 도움이 될 수 있게 하라

핵심포인트

◆ 싸움이나 양극화로 몰아가는 경향, 아니면 아이디어와 감정을 억제하는 경향, 이 두가지 모두 경험에 영향을 미친다.

◆ 대부분의 리더십 교육은 우리에게 자연스럽게 나타나는 경향들을 극복하게 하거나 약화시키는 방법, 피하게 하거나 축소하게 하고, 억누르고 제거하는 방법에 대해 다루고 있다.

◆ 그러나 그것이 전부는 아니다. 우리에게는 이미 협력과 공동체 의식, 창의성과 진실성을 다룰 수 있는 역량이 있다.

◆ 어느 누구도 다른 사람과 같지 않다. 상황에 따라 우리는 최선을 다하기도 하고, 최악의 결과를 만들어 내기도 한다. 스킬이 높아지면 부정적인 행동에 미치는 영향을 최소화하면서 모든 감정을 잘 받아들일 수 있게 된다.

◆ 다름이 통제될 수 있는 것이 아니다.

◆ 5장에서는 다름이 목표에 대한 집중을 위협하는 순간을 알아차릴 수 있는 몇 가지 간단한 방법을 소개할 것이다.

제2차세계대전이 끝난 후 얼마 되지 않은 때에, 사회심리학자인 솔로몬 애쉬(Solomon Asch)는 지금도 전설로 남아 있는 실험을 했었다. 사람들이 어떤 조건이 되면 집단의 압력에 저항하는지 알아보기 위해 그는 실험에 참가한 학생 자원자들에게 한 장의 카드에 그려진 선 하나를 보여줬다. 그리고나서 제대로 그린 선 한 개와 잘못 그린 선 2개가 있는 다른 카드를 보여주고 이전에 보여준 선과 동일한 선을 선택하게 했다. 이때 한 명을 제외한 다른 사람들에게는 잘못된 답을 선택하도록 미리 말해 두었다. 이 한 명의 실험 대상자는 계속해서 자기를 제외한 집단이 선택한 잘못된 답을 따라가지 않고 버텼다. 그러나 12번을 채 버티지 못하고 4명중 3명은 양떼처럼 집단의 의견을 따라가는 척했다. 애쉬는 대부분 실험대상자들이 혼자 서서 버티기 보다 결국에는 그들의 현실을 포기하게 된다는 것을 알아냈다.

그룹의 압박에서 벗어나기

애쉬는 자신이 하던 실험에 변화를 주면서 참가자들이 보여주는 반응을 지켜보았다. 실험대상자에게 다수의 의견에 반대하기로 미리 약속한 한 명의 (비밀)협력자를 붙여줬다. 이 협력자가 다수에 반대를 하고 나서자 실험 대상자도 바로 정답을 말했다. 그리고나서 애쉬는 그 협력자를 방에서 내보냈다. 그러자 대부분의 실험대상자들은 틀리다고 생각했던 답변으로 되돌아갔다. 실제 있는 현실을 지키기 위해서는 최소한 한 명의 협력자가 필요하다는 것을 이 실험을 통해 알아냈다. 몇 년이 지난 후 우리는 운이 좋게도 애쉬를 방문하게 되었다. 그는 "나는 모든 사람들이 집단이 주는 압력으로부터 독립적으로 판단하고 행동할 수 있는 조건을 만들고 싶었다"는 말을 했다. 실험결과를 보기 전에 애쉬는 사람들이 자신이 지각한 것이 증거가 되어 마음을 바꾸지 않고 잘 지켜갈 것이라고 생각했다. 그러나 자신을 지원해주는 사람이 없으면 집단이 잘못한 것에 저항할 수 있는 사람이 불과 몇 명 밖에 되지 못한다는 것을 알고 애쉬는 깜짝 놀랐다고 했다.

우리는 애쉬가 예기치 않게 발견한 것을 '소그룹화(subgrouping)'라고 부른다. 그는 2명으로 구성된 동맹자 그룹을 여러 개 만들어서 반대자들과 묶어줬다. 이 2명은 서로에 대해 최소한의 감정적인 지원만 가지고 집단이 주는 압력에 맞섰다. 애쉬는 자신이 발견한 것을 비즈니스 상황에도 적용할 수 있다고는 전혀 상상하지 못했다고 했다. 우리는 리더십 스킬 가운데 하나로 이 소집단화(subgrouping)를 어떻게 사용할 수 있는 지에 대해 여러분에게 소개하려 한다. 이것은 가장 간단하지만 가장 효과적인 리더십 스킬 가운데 하나다.

소그룹을 통해 얻을 수 있는 것

먼저 20년 전으로 돌아가보자. '집단 시스템중심 이론(Systems-Centered Theory for Groups)'의 개발자인 이본느 아가자리안(Yvonne Agazarian, 1997)은 다름에도 불구하고 그룹들이 서로 협력할 수 있는 방법에 대해 연구하고 있었다. 그녀는 누군가가 논란을 불러일으킬 수 있는 말(예를 들어, 무슨 말을 하고 있는지 알기나 해요?)을 하면 사람들은 무시당하고, 위협받고 공격을 받는다고 느끼는 위험한 상황에 처하게 된다는 것을 알아냈다. 그 상황에서는 자신을 업무에서 분리시키는 현상이 사람들 내면에서 일어난다. 아가자리안은 위험에 처한 사람들에게 도움을 줄 수 있는 지원자를 표면으로 노출시켜주면 부정적으로 대응하는 것을 막을 수 있다는 것을 알아냈다. 우리는 이것을 '소집단 찾기(finding a subgroup)'라고 부른다. 단 한 명만이라도 위기상황에 함께 서 주면 사람들은 마음을 가라앉히고 계속해서 과제에 몰입하였다.

우리는 전 세계를 대상으로 애쉬와 아가자리안이 발견한 것을 반복해서 적용해보았다. 회의에서 일어날 수 있는 갈등을 차단하기 위해 사람들의 행동이나 성격을 진단할 필요는 없다. 강한 부정적 감정이 예상된다고 해서 회의를 연기할 필요도 없다. 단지 상황 속에 들어 있는 감정이 생산적으로 일하지 못하게 할 정도로 위협적일 때,

그런 드문 경우에서는 소집단을 활용할 수 있다. 갈등을 두려워하는 대신 사람들이 계속해서 집중하게 해줄 창의적인 기회로 바꿔줄 수 있는 문제행동은 없는지 살펴보게 된다. 당신은 차이점과 다름에 연연하지 않고 팀과 그룹이 업무에 집중하게 할 수 있다.

"루이스가 팀에 들어왔을 때,
우리는 그녀가 고립위험에 처해있다는 것을 알았다."

소피아 크리스티, 전 CEO,
Birmingham East and North Primary Care Trust
(버밍햄, 잉글랜드)

우리 회사의 임원들은 증거를 근거로 자기주장을 하는 지극히 이성적으로 생각하는 사람들이었어요. 강한 면이 있긴 하지만 아주 똑똑한 고위 매니저들이 상당수 있었죠. 그러나 간호사와 치료사로 구성된 의료진들 대부분은 감정에 민감하게 대응하는 편이었습니다. 나는 사람들이 느끼는 감정에 관심을 갖기 보다 이성을 유지하면서 논쟁에서 이기는데 집중하곤 했어요. 운영담당 임원인 루이스가 임원진 가운데 유일하게 증거보다 감정에 더 많이 치중한다는 것을 알았을 때, 그점이 내 사각지대가 될 수도 있다는 것을 직감적으로 알아차렸습니다.

당시 우리는 서비스 재설계라는 큰 변화를 겪고 있었어요. 루이스는 직원들이 우리가 추진하는 변화를 원하지 않는다는 것을 확인할 때마다 직원들의 감정을 우리에게 전달하곤 했습니다. 루이스만이 직원들이 보이는 저항에 대해 이야기하고 있었어요. 그것 때문에 그녀가 리더십 팀 안에서 고립될 수 있다는 생각이 들었어요. 이것을 감지하자 마자 나는 임원들을 대상으로 간단한 확인절차에 들어갔습니다. "다른 사람들도 이렇게 알고 있습니까? 시스템 안에 이렇게 느끼는 사람이 또 있습니까?" 이 간단한 질문은 그들을 생각하게 했습니다. 잠시 후 테이블에 둘러앉은 다른 사람들도 알고 있는 사례를 들어가면서 대화에 참여했습니다. 그 후 그 문제는 경영진들의 주요 관심사가 되었어요.

루이스가 회의에 합류하면서 직원들이 어떻게 느끼고 있는지를 파악했기 때문에 그녀 혼자만 고립될 위험에 있었다는 것을 우리 팀 모두가 알게 되었습니다. 그 후 임원진은 그녀가 우려하는 것을 무시하거나 함부로 해석하기 보다는 중요한 정보 데이터로 다루기 위해 더 많은 노력을 기울이게 되었습니다.

우리는 어떻게 스스로 실망하게 되는가

누구도 다름에 무관할 수 없다는 것은 리더십에 큰 도전이 된다. 조상들이 동굴에서 살았던 그 시절부터 인간은 다른 가족이나 부족, 마을에 대해 고정관념을 가지고 있었다. 우리는 잘 알기도 전에 사람들을 분류한다. 낯선 사람들과 함께 있는 방에서 대부분의 사람들은 자신들을 좋아해줄 것 같은 사람들에게는 끌리지만, 좋아해줄 것 같지 않은 사람들에게서는 마음이 멀어지는 것을 느낀다. 무의식 중에 우리는 남성과 여성, 부자와 가난한 자, 노인과 젊은이, 뚱뚱한 사람과 마른 사람, 하얀 피부와 검은 피부, 신체 건강한 사람과 장애인, 키가 작은 사람과 키가 큰 사람, 병자와 건강한 사람, 주택 소유자와 무주택자, 직장인과 실직자, 이렇게 쉽게 이분화의 늪에 빠진다.

이런 무의식인 경향이 특별히 해를 끼치지는 않는다. 그러나 극단적인 상황에서는 그렇게 말할 수 없다. 북 아일랜드, 중동 또는 남아프리카에 살아 본 사람이라면 누구나 말할 수 있듯이 "그들"에 대한 부정적인 고정관념은 치명적으로 변할 수 있다. 고정관념은 주로 "카톨릭 신자들은…", "기독교인들은…", "이스라엘 사람들은…", "팔레스타인 사람들은… ", "흑인들은..", "백인들은..", "라틴 사람들은…", "아시아인들은..,", " 부자들은…", "가난한 사람들은… 하다"로 시작해서 수세기 동안 지속되어 우리가 에너지를 극도로 소모하게 만들었다. 이와 같은 빙산의 일각을 경험하는 상황이 되면 감정이 격해진 회의 외에 아무것도 볼 수 없다. 일단 이런 과정(대부분 무의식속의)이 시작되면, 업무에 대한 집중이나 창의적인 아이디어, 헌신과는 작별을 고할 수 밖에 없다.

　생활보호대상자들의 일자리를 창출하기 위한 회의를 개최했을 때의 일이다. 그 회의에는 복지프로그램 수혜자, 은행담당자, 경영자, 사회복지가, 지역 공무원들이 함께 참석했다. 스폰서들은 일자리 창출을 위한 활동이 생활보호대상자의 가족과 고용주 모두에게 도움이 된다는 점을 이야기하고 있었지만, 생활보호 대상자들은 일자리 찾기가 얼마나 힘든 지에 대해 말하고 있었다. 고용자 단체는 여론조사를 통해 현재 1,000개의 일자리가 비어 있다는 데이터를 참석자들에게 보여주었다.

　이때 한 경영자가 나서서, "만약 당신들이 정말로 의욕이 있다면, 이 많은 일자리 가운데 하나는 쉽게 얻을 수 있을 텐데요!"라며 생활보호 대상자들을 대상으로 말을 했다

　이 말에 화가 난 한 어머니가 그 말을 낚아채며, "내 삶이 어떤지 당신은 아무것도 몰라요"라며 소리쳤다. "그렇게 비어 있는 일자리에 수도 없이 지원해봤지만 당신들은 인터뷰에서 내 검은 얼굴만 볼 뿐이었단 말입니다!"

　몇 초 지나지 않아 전체 참석자들이 2개의 갈등상황으로 악화되면서 더 이상 회의 진행이 어렵게 되었다. 그렇지만 일어나고 있는 모든 문제를 외면하지 않은 채, 우리는 계속해서 집중해야 했다. 과연 이 상황에 도움 줄 수 있는 지원자가 나타날 수 있을까? 긴장감이 고조되었다. 우리는 잠시 더 기다렸다. 그때, 어떤 자극을 준 것도 아닌데 고용주 그룹 가운데 한 사람이 나서서 성난 그 여성을 마주하더니, "당신 말이 맞아요" 라고 했다. "당신 삶이 어떤지 우리는 전혀 모릅니다. 그렇지만 좀 더 알고 싶어요." 그 사람이 자원해서 화가 난 어머니의 지원자가 되어주자 그 자리에 있던 모든 사람들은 안도감을 느꼈고, 그들은 해결해야 할 과제로 되돌아갈 수 있었다.

소그룹 구성과 재구성

회의 장면을 자세히 보면 의견이 나올 때마다 눈에 보이지 않는 소그룹이 구성되었다가 다시 재구성되는 일이 벌어진다. 겉으로는 질서 정연한 것처럼 보이는 회의에서 조차 입 밖으로 표현되지 않은 희망 사항이나 판단, 충동이 숨어 있다. 각 개인은(비밀스럽고 조용하게) 언급된 모든 것에 자신을 맞추기도 하고 부인하기도 하며 때로는 무시하기도 한다. 그 안에 있는 사람들이 가지고 있는 선함이나 악함과는 별도로 무의식적이고 역동적인 시스템이 존재한다. 하지만 대부분의 사람들은 그런 시스템이 존재한다는 것을 알지도 못한다. 만약에 회의가 만화 판넬에 그려져 있다면 아마도 여러분은 각 참석자 머리 위에 동동 떠 있는 수도 없이 많은 작은 말 풍선을 볼 수 있을 것이다. 그 말 풍선 안에는 입 밖으로 표현되지는 않았지만 참석자들의 머리 속에 들어있는 말들이 들어 있을 것이다. "지금까지 들어 본 말 중 가장 멍청한 이야기를 하고 있군!", "난 저렇게 말할 용기는 절대 없어.", "와, 저건 엄청나게 큰 방해공작인데~", "세상에, 정말 뛰어난 통찰력이야!"

우리는 이런 생각들을 대체로 밖으로 드러내 말하지 않는다. 그룹에게 불안감을 조성할 수도 있는 말을 누군가 하게 되면, 몇몇 사람들은 리더가 그 상황을 해결해주기를 기다면서 불편함을 달래고 있다. 그 중 몇 사람은 그렇게 말한 사람에게 도전장을 내밀기도 하지만 대부분은 아무 말도 하지 않는다. 발언자가 한 말이 불안감을 고조시키면 되면 다뤄야 할 과제는 뒷전으로 밀리고, 사람들은 발언에 대해 어떻게 느끼는지에 대해서만 생각하게 된다. 모든 참석자들은 리더가 이 상황에 대해 어떤 행동을 취하고 나올지 궁금해한다.

순기능을 하는 소그룹 만들기

다행히도, 소그룹이 해줄 수 있는 기능을 이해하면 여러분은 새로운 리더십 대안들을 만들어낼 수 있다. 몇 개의 단어만으로도 무의식적인 고정관념에 빠진 사람들을 기능적으로 행동하는 사람으로 바꿔놓을 수 있다. (여기서 우리가 사용하는 기능적이란 말은 사람들이 맡은 업무를 말하는 것이 아니라 성장에 기여한다는 것을 의미한다.)

애쉬는 각 개인이 자신을 지원해줄 수 있는 사람을 단 한 명만 가지고 있어도 자신의 독립성을 지킬 수 있다고 보았다. 아가자리안은 의견차이를 보이는 소그룹이 하나라도 있는 한, 그 그룹이 제대로 잘 돌아갈 가능성은 높다고 보았다.

사람들은 이것을 쉽게 할 수 있다고 생각하기 때문에 지속적으로 반복해야 한다는 사실은 잊어버린다. 잠재적으로 혼란을 일으킬 가능성이 있는 모든 사람들에게 지지해줄 수 있는 사람이 단 한 명이라도, 비슷한 생각이나 느낌을 가진 사람이 단 한 명이라도 있는 한 그 그룹은 그룹이 해야 할 일을 놓치지 않고 잘 해낼 가능성이 높다.

여러분이 할 수 있는 최소한의 리더십은 회의에 방해가 될 수 있는 말을 하는 사람들이 지원자를 찾을 수 있도록 도와주는 것이다. 그렇게 되면 그 그룹은 알아서 모든 일을 처리하게 된다. 이런 현상은 비즈니스 회의에서 쉽게 볼 수 있다. 당신은 사람들이 어떤 때 몰입하는지에 대해 말해줄 수 있다.

- 아이디어를 내놓는다.

- 질문하고 답변한다.

- 정보를 요청하고 제공해준다.

- 서로의 아이디어를 발전시킨다.

경계심을 높여야 할 순간은 다른 사람들의 불안감을 조장하는 행동이 일어날 때다. 만약 그룹이 이분화되어 서로 싸우고 업무를 회피하는 모습을 보이면, 바로 행동에 돌입할 준비를 하라. 당신 가슴 속 깊은 곳에서 점점 가라앉고 있다는 느낌이 들거나, 머리 속에서 조용히 알람 소리가 들리는 그 순간을 알게 될 것이다. 그것을 느끼고, 듣고, 또 생각하게 되면, 아가자리안에게서 배운 간단하고 빠르고 효과적인 방법을 실천해보기를 권한다.

소그룹 구성에 필요한 4가지 기법

문제해결과 의사결정, 계획수립 단계에서 여러분이 팀과 함께 사용할 수 있는 기법 4가지를 소개하려 한다. 이 기법들은 마이크를 여기저기로 전달해 가며 진행해야 하는 타운홀 미팅에서 100명 이상의 참석자를 대상으로도 사용할 수 있다.

1. "또 다른 사람 있어요?" 라는 질문 한 가지만 물어보라.
2. 양극화로 나뉘는 것을 막기 위해 소그룹을 사용한다.
3. 나온 의견들을 통합할 수 있을 때까지 기다린다.
4. 사람들이 자신의 입장을 구별할 수 있도록 도와준다.

1. "또 다른 사람 있어요?" 라고 물어보라

이 방법은 정말 놀라울 정도로 간단하다. 누군가 진행에 방해가 될 수 있는 감정 섞인 말을 하면, 비슷한 감정을 가지고 있는 사람이 더 있는지 물어 보기만 하면 된다. 예를 들어:

참가자: "이걸 기다려야 하는 시간에 대해서는 아무도 신경 쓰지 않는 것 같아 안타깝습니다!"

이 문제에 대해 논쟁을 할 수도 있고, 피하고 넘어갈 수도 있다. 이쯤 되면 어느 쪽으로 기울든 소그룹은 이미 만들어져 있다. 위험을 감수할 만한 비공식적인 소그룹을 찾아보라. 그 소그룹이 "시간 낭비"에 관한 것이든, "좌절"에 동조하는 소그룹이든, 그건 그리 중요하지 않다.

리더: "여기에 대해 불만을 느끼는 사람이 더 있습니까? 어떤 이유에서죠?" 또는, "시간을 낭비하고 있다고 생각하는 사람이 또 있습니까?

이 질문에 손을 드는 사람이 있으면, 예를 들어 달라고 하라. 사람들은 그렇게 느끼는 사람이 혼자가 아님을 알게 될 때 안도감을 가진다. 하지만 때때로 사람들은 이 문제를 무시하고 새로운 주제를 들고 나와 마치 공기 중에 떠 있는 스모그 같은 산만한 분위기를 만들기도 한다.

리더 (아직 해결되지 않은 감정이 남아 있다고 여겨지면)
"방금 _____ 님이 말했던 내용으로 돌아가고자 합니다. 아직 만족스럽지 못하다고 느끼는 사람이 있습니까?"

그리고 나서 잠시 멈추고 회의실 안을 둘러보라. 필요하면 질문을 반복하라. 여기서 핵심 포인트는 불만을 없애려는 것이 아니다. 불만을 느껴도 괜찮다고 말해주는 것이다.

리더 (이때 고개를 끄덕이는 사람이 있으면 그 사람에게)
"어떤 것을 경험했나요?"

한, 두 명이 예를 들어 가며 말을 하자, 갑자기 그 그룹은 다시 작동된다. 싸움으로 번질 수도 있는 상황은 대화로 전환이 된다. 이처럼 간단한 리더십 행동이 좌절감을 높이지 않고 오히려 그것을 받아들일 수 있도록 도움을 준다.

"또 다른 사람 있어요?" - 질문 규칙 : 사람들이 하는 말 속에 담긴 감정의 강도를 듣도록 하라. 그들이 하는 말 가운데 많은 부분은 별도의 답을 필요로 하지 않는다. 말을 한 사람은 의견을 표출하는 것으로 만족하고, 사람들은 그 의견을 대화 중 한 부분으로 받아들인다.

내용이 개인적인 공격이나 심한 논쟁으로 확산되어 위협적인 상황을 만들지 않는 경우에 한해, 그들이 발언한 내용에 대해 언급하도록 하라. 그렇지 않으면, 드러난 감정을 알도록 해준다.

참가자: "지금 어떤 상황인지 매우 혼란스럽습니다."

리더: ("제가 상황을 설명 드리겠습니다" 라고 말하는 대신에) "혼란스러움을 느낀 사람이 또 있나요?"

만약 그 문제가 분열을 일으킬 가능성이 있으면, 양극화시키지 않도록 하라. 대신에 그 발언 뒤에 숨어 있는 감정을 찾아라. 모든 감정들이 정당화될 수 있도록 그 감정을 느끼고 있는 소그룹을 찾도록 하라.

참가자: "그 아이디어는 도저히 참아주지 못하겠어요."

리더: "어떤 이유이든, 지금 참기 힘든 사람이 또 계신가요?"

회의가 진행되는 동안 비공식적인 소그룹이 생겨난다 : 어떤 생각을 하고 어떤 감정을 느끼든 모두 괜찮다는 것을 알게 되면 사람들은 주제에 더 잘 집중할 수 있다. 우리가 몇 분마다 "또 다른 사람은요?" 라고 묻는 건 아니다. 3일짜리 회의를 할 때도 한, 두 번 이상 "또 다른 분들은요?" 라고 묻는 경우는 거의 일어나지 않는다. 만일 회의 도중에 나오는 모든 감정과 아이디어를 확인하기 위해 처음부터 노력한다면, 사람들은 싸우거나 도망가지 않고 일어나고 있는 모든 것을 처리할 것이다. 그룹이 이런 참여의 힘을 인식하게 되면, 회의에 참석하고 있는 개인들도 당연히 자기가 느끼는 방식을 느끼는 다른 사람이 있는지 물어볼 것이다. 당신이 회의를 리드하는 입장이 아닐 때 조차도 "또 다른 분은요?" 라고 항상 물어볼 수 있다. 다른 사람의 입장이 어떤 지 확실하게 알 수 없으면, 당신이 지원하는 소그룹 (같은 의견을 가진 그룹)을 드러냄으로써 스스로 몰입되도록 할 수 있다.

아무도 함께 해주지 않을 것이라는 상황도 미리 생각해두라 : 아주 가끔이지만 "또 다른 사람 없나요?"라는 질문에 대답하는 사람이 아무도 없을 때가 있다.

참가자: "저한테는 완전 시간낭비였어요."

리더: "시간낭비라고 느끼는 분이 또 있나요?"

아무도 말이 없다. 긴장이 고조된다. 그 순간이 영원처럼 느껴질지라도, 10-15초 정도 기다리는 것을 두려워하지 마라. 우리가 여러분에게 해주고 싶은 조언은, 실제로 불리한 입장에 처한 사람과 함께 할 수 있는지 아닌지 자신의 내면을 보라는 것이다.

리더: "저도 시간을 낭비하고 있다고 생각했던 순간이 있습니다."

만약 진정으로 그의 생각에 함께 할 수 없다면

리더: "지금은 그렇게 느끼는 사람은 당신뿐인 것 같습니다. 계속 진행해도 될까요?"

2. 그룹이 양분되지 않도록 소그룹을 활용하라

때때로 사람들은 갈등을 초래하는 신념이나 문제의 의미, 해결책이나 결정 때문에 어쩔 수 없는 상황에 빠질 때가 있다. 의견충돌때문에 더 이상 앞으로 나아갈 수 없을 때가 있다. "또 다른 사람은요?"라는 말이 충분히 도움이 되지 않을 때 사용할 수 있는 다른 기법이 있다. 많은 리더들이 믿는 것처럼 이 방법은 대립적이지 않다. 대신 모든 사람들이 자신의 입장에 대해 생각해볼 수 있게 한다.

- 모든 행동을 멈춘다.
- "X입장을 지지하는 사람은 손을 들어 주세요." Y입장에 대해서도 똑 같이 묻는다. 그러나 논의로 들어가지 않도록 한다.

- 그런 다음, X입장을 지지하는 소그룹에게 그들의 견해에 대해서 서로 이야기하도록 한다. 이때 Y입장을 지지하는 그룹은 조용히 듣는다. 5분동안 이렇게 진행한다.

- 그런 다음, X입장을 지지하는 소그룹이 경청하는 동안, Y입장을 지지하는 소그룹은 그들이 생각하는 것에 대해 서로 대화하게 한다.

이제 모두가 표현한 반응들을 비교해보게 한다. 대체로 각 소그룹은 이전에는 존재하는지 조차 알지 못했던 차이점을 발견한다. 하지만, 상대그룹과 놀라울 정도로 크게 겹쳐지는 부분이 있다는 것 또한 알게 된다. 아가자리안은 이를 명확한 다름에서 유사점을 발견하고 명백한 유사점에서 다른 점을 발견하는 것이라고 했다. 이쯤 되면 어떻게 앞으로 나아갈지 방법을 찾아내는 것은 훨씬 쉬워진다. 관습에 얽매이지 않고 이런 방식으로 일을 하면, 사람들은 차이점을 찾으려 하지 않고 오히려 서로 간에 유사성을 발견하려 한다. 일단 이 방법을 사용하기만 하면 이 방법을 신뢰하게 될 것이다.

3. 나온 의견들을 통합할 수 있을 때까지 기다려라

그룹이 다음으로 나아갈 준비가 되었다는 것을 어떻게 알 수 있을까? 새로 덧붙일 것이 없다고 느끼는 순간이 바로 그때다. 더 믿을 만한 신호는 우리가 통합문안(Integrating statement) 이라고 부르는 것이다. 양극화된 그룹들은 대체로 "이쪽 아니면 저쪽(either/or)"라는 식의 대화의 함정에 빠지게 된다. 그러나 대화가 자연스럽게 전개되도록 충분히 기다려주면, 대체로 누군가 나서서 양극단에 있는 두 입장이 모두 타당하다는 것을 인정하면서 "이쪽과 저쪽, 양쪽 모두(both/and)"의 표현으로 대화를 통합한다. 기다려 주는 것 외에는 아무것도 할 필요가 없다.

시민들은 지역사회의 경제상황을 어떻게 개선할 수 있을지에 대해 이틀 내내 아이디어를 주고 받았다. 합의점에 거의 도달할 무럽에 한 부동산개발업자가 환경보호운동가에게 말했다 "여러분들은 우리가 하는 모든 프로젝트를 방해하고 있어요. 당신들이 발전을 가로막는 한 우리는 제대로 된 일자리를 가질 수 없습니다."

갑자기 그룹에 긴장감이 고조되었다. 리더인 밥 우드러프(Bob woodruff)와 보니 올슨(Bonnie Olson)은 지켜만 보는데 아주 잘 단련된 사람들이다. 회의실 안에 어색한 침묵이 흘렀다. 몇 초가 지나자, 또 다른 부동산개발업자가 일어나서 일자리와 환경보존에 대해 이미 동의했었다는 점을 지적했다. 그는 "우리 모두 아름다운 환경을 필요로 합니다. 그리고 우리 모두 이 지역에서 좋은 일자리를 갖고 싶어합니다"고 말했다. "또 다른 의견 없습니까?"라는 질문은 굳이 필요치 않았다. 양쪽 입장을 통합하는 발언 덕분에 모든 참석자들이 진정할 수 있었다.

기다리고 있으면 통합해줄 수 있는 사람이 나온다. 아무도 통합하려 나서지 않으면, 그룹 안에 두 가지 확고한 관점이 존재한다는 사실을 모두에게 보여줄 수 있다. 이것은 고쳐야 할 문제가 아니라 앞으로 관리해야 할 양극단의 관점이라고 말해주면 된다.

4. 사람들이 자신들의 입장을 구별할 수 있도록 도와준다

어디서 의견차이가 발생하는지 알고 있어야 차이점을 통합할 수 있다는 점을 인지하고 있어야 한다. 그렇기 때문에 다른 사람들이 어떻게 생각하는지 들어보는 것은 필요한 일이다. 그 노력이 빠지면 동의를 이끌어낼 가능성은 매우 낮아진다. 서로의 생각이 다른 부분이 어디인지 명확히 하고 싶으면 언제든지 안전한 기법인 "돌아가며 말하기(Go Around)" 기법을 사용하라. 의구심이 들면, 모든 사람이 그 문제에 대한 자기생각을 말할 수 있게 하라. 이런 방식으로 대화를 하다 보면 좋은 선택에 필요한 정보를 많이 얻어낼 수 있다.

리더십 스킬 5: 싸우지도 말고, 도망가지도 말라

요 약

리더십 스킬 5 :
싸우지도 말고, 도망가지도 말라

순기능을 할 수 있는 소그룹을 만들어주면 유사한 경험이나 느낌, 또는 관점을 기반으로 하여 다른 사람들과 협력할 수 있다. 고립되는 멤버가 생기지 않는 한 그룹은 계속 활동을 할 것이다. 싸움과 도피, 둘 다 하지 못하게 하면 사람들이 고정관념으로서의 다름이 아니라 순기능을 하는 다름을 경험할 수 있다. 만약 희생양이 생기거나 분열이 일어날 것 같으면 소그룹을 사용해보라. 갈등상황에서는 사람들이 자신들의 입장을 좀 더 깊이 탐색할 수 있도록 한시적으로 소그룹을 만들 수 있다. 굳이 대립하지 않아도 될만한 관점을 발견하게 되면 갈등을 해결하고 다음 단계로 넘어갈 수 있다. 제 기능을 할 수 있는 소그룹을 통해 리드하도록 하라. 그렇게 하면 당신은 갈등을 통제해야 한다는 걱정으로부터 상당부분 벗어날 수 있다.

리더십 스킬 5 활용방법

- 다음 회의 때, 당신이 원하지는 않았지만 누군가에 의해 표출된 긴장감을 고조시키는 발언에 주목한다. 그 사람의 감정이나 말한 내용을 지원해줄 사람을 찾을지 말지 선택하라.

- 심하게 둘로 분열된 그룹을 리드해야 하면 잠시 모든 행동을 멈추고 소그룹 대화법을 사용해보라. 그 방법이 다음 단계로 넘어갈 수 있을 정도로 그들을 충분히 자유롭게 해주는지 지켜보라.

- 사람들이 다음에 무엇을 해야 할 지 잘 모를 때는 그것을 명확히 하기 위해 "돌아가며 말하기 (go-around)"를 사용한다.

리더십 스킬

반드시 참석해야 할 사람이 참석하게 하라

빠른 실행을 위한 조건 만들기

핵심포인트

◆ 핵심 인물도 없이 진행되는 회의로 이 세상은 넘쳐난다.

◆ 핵심인물이 빠진 채 회의를 하면, 여러 번 회의를 해야 한다. 그로 인해 오해와 지연현상이 발생하고 망설이게 된다. 참석자들의 헌신이 떨어지고, 정치적인 게임이 생겨나서 결국 사람들은 냉소적으로 회의를 대하게 된다. 이 모든 것들을 리더들은 이미 너무나 잘 알고 있다.

◆ 이에 대한 해결책은 회의를 어떻게 구조화하느냐에 달려 있다 : 모든 핵심 파트가 참여하게 한 후 회의를 열어야 한다. 그렇지 않으면 결국 모든 사람이 시간만 낭비하는 꼴이 된다.

◆ 회의 스킬이 높은 사람들은 반드시 참석해야 할 사람이 회의에 참석하게 한다. 그것이 바로 당신이 통제해야 할 것이다.

◆ 이번 6장에서는 그 방법에 대해 소개해줄 것이다.

가장 간단한 리더십 행동은 한 번에, 한 장소에, 반드시 있어야 할 사람들이 모두 앉아 있게 하는 것이다. 이것은 전략계획을 수립하거나 문제를 해결해야 할 때, 또는 결정사항을 실행으로 옮길 때 가장 중요하게 다뤄야 할 기본절차이다. 물론 모든 사람들을 다 오게 하는 것은 어려운 일이다. 그러나 그렇게 하지 않으면 나중에 더 심한 좌절을 겪게 된다. 마지막에 겪게 될 좌절보다 이게 더 어렵기야 하겠는가?

회의할 때마다 "이 일을 끝내기 위해 반드시 참석해야 할 사람은 누구지?"라고 물어봐야 할 이유는 얼마든지 있다. 그렇지만 반드시 참석해야 할 사람이 누군인지 그 이름까지 알고 있음에도 불구하고 그들이 회의실에 앉게 만들지 못하는 것이 놀랍기만 하다. 우리는 지금 관련성이나 참여, 인풋이나 피드백, 또는 포커스 그룹에 대해 이야기하고 있는 것이 아니다. 여러 사람들의 협조가 필요한 문제를 해결하고 결정하기 위해 가장 빠르고 경제적인 방법이 무엇인지에 대해 이야기하고 있는 것이다. 모든 회의에서 꼭 필요한 사람들을 확보해오는 리더는 확실히 늘 하던 방식대로 움직이는 사람들은 아닌 것 같다. 모든 사람들이 오게 할 수 있는 유일한 방법은 원하는 것을 얻기 위해 반드시 그들이 있어야 한다는 것을 주장하고, 실제로 그들이 모두 참석할 때만 회의를 개최하는 당신의 용기 있는 행동이다.

한 회의에는 반드시 아래 역할을 맡는 사람이 들어와야 한다.

- 실행권한을 가지고 있는 사람, Authority (예, 의사결정권)
- 자원을 확보하고 있는 사람, Resources (다양한 사람들, 시간, 돈, 자산, 아이디어)
- 전문성이 있는 사람, Expertise (전문적 기술, 광범위한 지식)
- 정보를 가지고 있는 사람, Information (다른 사람들에게 필수적으로 필요한 사실과 경험)
- 니즈를 가지고 있는 사람, Needs (향후 발생할 일에 개인적으로 영향을 받을 수 있는 사람)

> "회의에 반드시 참여해야 할 사람이 누구인지
> 회의를 할 때마다 생각해야 합니다."
>
> 딕 호워드, Emeritus Haworth, Inc. 대표
> (홀랜드, 미시건, 미국)

최종결과가 어떻든 회의결과는 반드시 참석해야 할 사람들을 확보할 수 있느냐에 달려 있다고 생각합니다. 시스템의 다른 파트들이 함께 참여할 수 있는 환경을 만드는 것이 중요하기 때문입니다. 본사 빌딩 건축 프로젝트를 예로 들어보겠습니다. 당시 우리는 각 팀을 별도로 불러 회의를 하는 대신, 프로젝트 시작 시점부터 "시스템 전체(whole system)"를 대변해줄 수 있는 사람들을 회의실로 불러들였습니다. 건축가 한 명에게 빌딩 디자인을 맡기지 않고 3개 업체를 대상으로 공개입찰에 응하게 했어요. 우리가 제일 먼저 한 것은 건축을 맡게 될 파트너 선정이었기 때문이죠. 선정된 파트너는 자신들 능력으로 건축할 수 있으면서도, 비용 대비 효과가 높고, 고객들의 니즈를 충족시켜줄 수 있는 빌딩을 우리가 디자인할 수 있도록 도와주었습니다. 회의에 참석한 모든 사람들이 고객이 하려는 것을 알아야 했습니다. 그것은 적시에 적합한 사람이 그 회의장소에 함께 있을 때만 가능한 일이었습니다.

어느 정도의 긴장감은 언제나 있기 마련입니다. 사람들은 구석으로 기어 들어가 모든 걸 스스로 하길 좋아합니다. 그렇기 때문에 회의주제에 적합한 모든 사람들이 회의에 참가하게 하는 것은 회의를 기획할 때마다 항상 생각해야 할 부분입니다. 주제에 딱 맞는 사람들이 처음부터 함께 하면 불필요 했을 것을 개별적으로 작업해서 만들어온 해결책 때문에 어쩔 수 없이 오더 수정을 지시해야 하고, 심지어 재작업을 해야 할 때도 있습니다. 이런 업무방식 때문에 중요한 자원을 낭비하게 되죠. 우리는 빌딩을 디자인하고 건축하는 방법을 바꾸기 위해 열심히 노력하고 있습니다. 결국, 우리 산업전체가 그런 방법으로 새로운 시설을 디자인하고 설계하게 될 것입니다.

신속한 실행 환경 만들기

회의에 적합한 사람들이 함께 머리를 맞대고 이야기하다 보면 몇 주, 몇 달, 또는 영원히 걸릴 것 같던 복잡한 일도 몇 시간, 며칠 안에도 끝낼 수 있다. "전체 시스템을 한 회의실에(whole system in the room)"라는 원칙은 지금까지 우리가 알고 있던 실행에 대한 생각을 완전히 바꿔 놓았다. 마브는 수십년 전부터 자신이 수행했던 프로젝트와 다른 사람들의 프로젝트를 조사한 후에 이 원칙을 처음으로 발견했다. (웨이스보드, 1987; 웨이스보드, 2012)

"모든 사람"이 회의에 참석하면 3가지 니즈를 충족시킬 수 있다: 가장 실용적인 해결안을 만들어낼 수 있고, 실행할 수 있는 사람들을 가능한 많이 확보할 수 있으며, 중요한 사람들에게 그들의 판단을 존중하고 있다는 것을 보여줄 수 있다. 일대일로 만나 직접 대화하는 것보다 더 좋은 방법은 없다. 1980년대 이후 많은 리더들은 직접 만나서 논의하는 데 도움이 되는 창의적인 방법들을 고안해왔다. 꼭 필요한 사람들과 만나서 회의를 하는 한, 어디서든, 언제든, 어떤 목적을 위해서든 이 방법을 사용할 수 있다.

적합한 사람들을 회의에 참여시키기 위한 6가지 실천방법

적합한 사람들을 회의에 참여하게 할 6가지 근본적인 실천방법은 다음과 같다.

1. '전체 시스템(Whole system)'을 정의한다.

2. 과제와 사람을 매칭한다.

3. 안건에 맞게 회의 시간을 결정한다.

4. 사람들에게 자신의 의견을 표현할 수 있는 시간을 준다.

5. 각 결정사항별 책임자를 명확히 하기 위해) 책임 챠트를 사용한다.

6 만약 '전체시스템'을 모두 모을 수 없는 경우, "3x3 rule"을 사용한다.

1. "전체 시스템" 정의하기

우리는 일을 끝내는데 필요한 모든 사람을 '전체 시스템(whole system)이라고 부른다. 시스템에 속한 모든 사람을 한 자리에 불러모으기 힘들기 때문에 이런 용어를 사용하게 되었다. 대신 그들 중에서 권한, 자원, 전문지식, 정보 그리고 니즈가 있는 사람만 있으면 된다. 한가지 더 추가하자면, 참석하지 않은 사람의 허락을 받아야 할 필요가 없는 안을 선택할 경우라면, 결정 사항을 실행 할 수 있는 능력을 가지고 있는 사람들이 참석해야 한다.

위험부담이 높을 수록 던져야 할 그물의 폭도 그만큼 넓어져야 한다. 회의에 한 명만 추가해도 모든 것을 바꿀 수 있다. 이해관계자에 대한 이 수학공식은 여러분의 뇌를 혼란스럽게 할지 모르겠지만, 20명에 한 명만 더 참석하게 해도 수십, 수백, 수천개의 새로운 해결안을 만들어낼 가능성이 높아진다. 그러나 중요한 점은 그들이 서로 상호작용을 할 경우에만 이런 엄청난 일이 일어난다는 것이다.

> "상상하는 시스템이 아니라 실제 시스템을
> 경험할 수 있었습니다."
>
> 조세핀 리드버그-듀몬트, IKEA 전 임원
> (헬싱보르그, 스웨덴)

당시 나는 임원으로서 중국에 있는 공급체인과 생산조직의 이전과 운영 책임을 맡고 있었습니다. 고객들에게 잘 알려진 IKEA의 핵심제품들은 대부분 중국에서 제조되고 있었습니다. 당시 중국시장은 놀라울 정도로 빠른 성장세를 타고 있었죠. 처음 거래하게 된 새로운 공급업체가 있었는데 젊은 중국인 여성을 채용한 회사였어요.

초고속 성장국가의 1세대 소비자인 중국 동료들은 우리 회사의 품질과 글로벌 미션에 대한 이해를 당시 거의 가지고 있지 않았어요. 그렇지만 그들은 글로벌고객을 위해 IKEA제품을 생산해서 각 지역 공급업자들과 함께 우리 브랜드를 구축해주는 핵심 인물들이었습니다. 초기에는 중년의 스웨덴 남자들이 리더와 매니저 역할을 주로 맡았습니다. 그러나 이들이 중국어를 거의 하지 못했기 때문에 중국문화에 대한 이해는 아주 제한적이었어요.

2000년 초반 우리회사의 업무관행은 제품의 품질과 성능을 개선하기 위한 회의에 새로 채용한 중국인 직원들을 배제하고 싶어했습니다. 우리는 그들이 뭘 해야 하는지 알려주기만 하고 원하는 결과가 나오기를 기다리곤 했어요. 그러나 중국 현장에서 일이 어떻게 일어나고 있는지 그 진행 상황을 유럽에 앉아서 알고 이해하는 것은 쉬운 일이 아니었습니다. 당시에는 중국조직이 성공의 열쇠를 쥐고 있었습니다. 우리 제품의 품질은 완벽하게 그들에게 달려있었어요. 우리에겐 그들이 가지고 있지 않은 수 십년 동안 축적해온 경험이 있었지만, 전체 공급체인을 세우는 일은 그들이 국내 공급 업체들과 함께 중요한 역할을 해줘야 했습니다.

우리는 전체 시스템(whole system)'을 대변해줄 수 있는 사람들을 스웨덴의 전략회의에 참여하게 했습니다. 상하이에서도 같은 방법으로 회의를 해보기로 했습니다. '전체 시스템(whole system)'에 포함되는 젊은 중국 직원들을 공급자, 수요자, 기술자와 함께 3일동안 회의에 참여하게 했습니다. 글로벌 조직에 속한 매니저와 리더들도 이 자리에 불러모았습니다. 모든 참가자들이 중국 공급체인망에 함께 집중하면서 서로를 알게 하는 것이 시급한 과제였기 때문입니다.

지금 생각해도 그 순간은 정말 환상적이었어요. 현지 직원들은 중국을 위해 일을 잘 해야 한다고 격려를 받았지만, IKEA가 어떤 목적을 가지고 사업을 하는지 알 수 없었습니다. 드디어 상상만 했던 시스템이 아니라 실제 시스템이 어떻게 돌아가는지 경험할 수 있는 절호의 기회가 그 회의 때문에 그들에게 왔던 것입니다. 그 자리에 참석한 모든 사람들이 몰입해서 시스템 구축작업을 마칠 수 있었습니다. 그 일이 있고 난 직후, 우리는 리더십 프로그램을 새로 만들었습니다. 열린 안건을 가지고 대화할 시간과 창의적인 작업, 성찰시간으로 구성된 이 리더십 워크숍은 경영진의 적극적인 지원 속에 진행되었습니다. 그룹 CEO앞에서도 떨지 않고 자기의 견을 잘 표현할 수 있는 젊은 중국인 매니저들을 이 워크숍에 참석하게 했습니다. 2013년 까지 중국 소매업을 총괄했던 대표는 중국 현지에서 채용된 여성이었습니다.

---

2. 과제와 사람을 매칭한다

프로젝트를 새로 맡게 되면 그 범위에 따라 반드시 필요한 이해관계자가 누군인지 판단해야 한다. 큰 일을 하려면 그물을 넓게 던져야 한다.

미국 영공에서 일어나고 있는 혼잡을 줄이기 위해 항공전문가들이 오랫동안 노력해왔으나 결론이 나지 않았다. 2004년에 미국연방항공국(FAA, Federal Aviation Administration)은 영공을 사용하는 사람들 - 항공사, 화물운송회사, 군대, 기업 또는 개인 조종사, 노조, 항공 관제사-을 모두 불러서 당면한 문제를 해결하기 위해 할 수 있는 일이 무엇인지 알아보기로 했다. 그러나 참석자 대부분은 오랫동안 좌절감만 안겨주었던 이런 회의 때문에 지칠 대로 지쳐 있었다.

그들은 시스템이 얼마나 복잡한지 보여주기 위해 타임라인을 함께 만들고 있었는데, 그때 한 항공사 임원이 불쑥 말을 내뱉았다. "우리 모두가 이 자리에 있습니다. 우리가 이 일을 하지 않으면 아무도 이 일을 해낼 수 없습니다" 라고 말하며 맹세하는 듯한 손짓을 보였다. 이어서 "우리 함께 고통을 나눕시다!"고 소리쳐 말했다. 참석자들은 "고통을 분담한다"는 말에 모두 동의를 했다. 항공기 운항에 우선순위를 부여하기 위해 수십년 동안 사용해왔던 "선착순" 방식을 변경함으로써 항공운항관리 방식을 급진적으로 바꿀 수 있었다. 혼잡한 공항에서 빈번하게 일어나는 장시간 지연사태를 최소화하기 위해 덜 혼잡한 다른 지역 공항으로 배정할 것이라는 연방항공국의 결정에 모두 동의하였다. 공정성 확보를 위해 그들은 모든 항공사들과 매일 컨퍼런스 콜을 하면서 이 결정사항을 실행하기로 했다. "전체 시스템(whole system)"이 참석해서 불과 18시간만에 별 진전 없이 수십년 동안 유지해왔던 오랜 관행을 폐지할 수 있었다. (웨이스보드 & 제노프 Weisbord & Janoff, 2006)

3. 안건에 맞게 회의 시간을 결정한다

회의 주제에 맞는 사람들이 모여서 유익한 대화를 하기까지는 시간이 필요하다. 목표를 달성하려면 시간을 여유 있게 잡아야 한다. 시간이 충분하지 않으면 목표를 달성하지 못할 수도 있다. 많은 사람들이 협력해서 신속하게 실행해야 하는 일이면, 적어도 2.5일에서 3일 정도 시간은 확보하는 것이 좋다. 이 정도 시간은 있어야 다른 방법을 사용할 때보다 빠른 시간 내에 결과를 만들어낼 수 있다(웨이스보드 & 제노프, 2010). 그렇지만 이 책을 쓰고 있는 우리가 좋아하는 방식에 너무 매일 필요는 없다. 여러분은 자신의 경험이 말해주는 것만을 알 뿐이다. 여러분 자신의 목소리를 듣도록 하라.

4. 사람들이 자신의 의견을 표현할 시간을 주라

만약 사람들이 격한 감정들을 가지고 있는 경우라면 실행계획에 대한 약속을 받기 전에 그 감정부터 먼저 표출하게 할 필요가 있다. 감정을 드러낼 때는 대화를 막지 않아야 한다. 그렇게 하지 않으면 나중에 훨씬 더 많은 시간을 써야 할 때가 올 것이다.

5. 책임 차트(responsibility chart)를 사용한다

책임챠트는 회의에 참석하고 있는 모든 핵심인물들과 함께 사용할 수 있는 효과적인 기술 중 하나이다. 이 방법을 쓰면 심각한 문제들도 빨리 풀어갈 수 있다.

리더십 스킬 6: 반드시 참석해야 할 사람이 참석하게 하라

환자서비스를 개선하고 싶어하는 병원장이 사무직원. 임상약사, 간호사와 의사들을 소집했다. 자기들에게 익숙한 사례분석부터 시작했다.

사례: 응급실로 들어와 심한 어지럼증으로 비틀대고 있는 한 여성이 두 가지 혈압약을 하루에 4번 복용한다고 했다. 간호사는 그 환자가 저혈압인 것은 확인했으나 증상을 말해줄 만한 특이사항은 하나도 찾아내지 못했다. "그냥 먹던 약을 먹게 하세요, 환자 교육도 좀 시키시구요" 라고 레지던트가 말했다. 간호사는 환자가 지금까지 아무 문제 없었다고 지적했지만 환자가 말한 약의 갯수와 약병에 적힌 갯수가 틀린 것을 발견한다. 약병에는 하루에 2알씩 이라고 적혀있는데 환자는 4알을 먹고 있다고 말했던 것이다.

"아, 약사가 또 다시 헷갈렸네, 전화해볼께요" 라고 간호사가 말했다.

"너무 신경 쓰지 마세요. 말 해도 아무 소용 없을 걸요, 그냥 환자에게 새 처방전만 주세요" 라고 레지던트가 말했다.

그러나 며칠이 지나지 않아 그 여성은 기절해서 응급실로 실려온다. 동일한 약이 든 약병 2개를 가지고 있었는데 하나는 일반의약품, 다른 하나는 상표명이 있는 약병이다. 그 여성환자는 이 두가지를 다 먹고 있었던 것이다. 이중으로 처방전이 나간 것이다. "이 정도는 알았어야죠" 라고 레지던트가 약사에게 말한다.

약사는 그 환자가 그에게 복용법을 잘 알고 있다고 말했다고 한다. 그는 이어서 힘 주어 말했다. "이게 바로 실제 벌어지고 있는 상황이란 말입니다. 의사들이 RX's 라고 암호를 쓸 때 실제로는 케이스를 제대로 평가하지 않은 채 쓴다는 말입니다." 그러나 레지던트들은 환자로부터 첫 번째 약병을 수거하지 않은 간호사 잘못이었다고 책임을 간호사에게 전가한다.

간호사는 "의사가 저널이나 읽고 앉아 있으니 이런 일이 생기는 거죠"라고 말한다.

이 사례 소개를 끝내자 마자 참석자들 얼굴 여기 저기에는 쑥스럽고 민망한 표정들이 하나씩 올라왔다. 우리는 서둘러 갈등중재로 들어가지 않고, 간호사와 의사, 약사, 사무직원들로 4개그룹을 만들어 그 상황을 좀 더 자세히 '진단' 해보기로 했다. 도대체 어떻게 그 환자에게 이런 문제가 일어났는가? 각 그룹은 자신들에게는 잘못이 없다고 했지만, 시스템 안에 잘못이 있다는 것을 찾아내기 시작했다.

다음 단계로, 이 참석자그룹을 직무를 서로 교차해서 들여 볼 수 있는 5개의 그룹으로 재구성했다. 다시는 이런 실수가 일어나지 않도록 책임차트를 만들게 했다. 각 그룹은 의사결정이 필요한 단계를 나열하고, 각 단계와 관련된 사람들에게 네 가지 역할 중 하나를 할당했다.

- A (Authority) 최종권한을 갖는 사람

- R (Responsibility) 실행책임을 지는 사람

- S (Support) 자원을 지원해줄 사람

- I (Informed) 실행 전에 반드시 정보를 전달받아야 할 사람

각 팀이 완성해서 발표한 책임챠트를 본 후 놀라운 침묵이 흘렀다. 어느 그룹도 같은 것이 없었다. 한 의사가 손뼉을 치며 말했다. "믿어지세요? 여기에 정답은 없어요!"

사실 거기에는 이미 5가지의 "올바른 답변"이 있었다. 해결책은 이상적인 절차에 있는 것이 아니라 환자를 위해 각자 가지고 있는 전문성을 통합해서 그들 모두가 할 수 있는 최선의 방법에 동의하는 데 있다. 불과 몇 시간만에 많은 사람들이 몇 년 동안 그곳에서 일하고 난 후에 알게 된 것보다 응급실 시스템에 대해 이들은 훨씬 더 많이 알게 되었다.

6. 전체 시스템을 참여시킬 수 없다면 3x3법칙을 사용하라

상위 시스템의 일부가 되는 시스템, 즉 상위 시스템과 관련성이 있

는 경우에만 하나의 시스템을 변화시킬 수 있다. 이 점이 바로 왜 회사에 대한 개선 없이도 "팀 빌딩"을 통해 더 나은 팀워크를 만들어낼 수 있는지를 말해주는 부분이다. 대체로 팀 회의는 회의에 참가하지 않은 사람들에게 영향을 미칠 수 있을 때까지 계속한다. 이런 상황을 피하고 싶으면 관련된 3개의 조직레벨과 3개 부서 근무자들이 한 자리에서 대화하게 하면 된다. 사람들이 자신들을 도와줄 수 있는 사람들과 직접 접촉하도록 허용해주면, 그들은 어떤 문제든 빠른 시간 안에 해결할 수 있다.

한 대기업 경영진들이 복합적으로 얽혀 있는 문제를 해결하기 위해 한 자리에 모였다. 회의 시작한 지 얼마 지나지 않아 그들은 자신들의 손이 직원들의 협조부족 때문에 꽁꽁 묶여 있다는 현실을 알게 되었다. 품질부와 재정부, 인사부는 상사와 그 상사의 동료들에 의해 돌아가고 있었다. 한 매니저가 상사에게 불쑥 말을 내뱉았다. "이 문제를 풀 수 있는 사람은 바로 당신 상사뿐입니다." 점심시간이 되자 그 상사는 자기 상사에게 전화를 걸어서 회의 참석을 부탁했다. 한 시간 후 나타난 그 상사는 직원들이 협력하지 못하게 하는 관행에 대해 장장 20분 동안 장황하게 설명을 늘어놓았다. 모든 참가자들은 그 소리를 듣고 있어야 했다. 그는 잠시 자리를 떠나 각 부서장들에게 전화하고 돌아와서 참석자들에게 말했다. "여러분들이 필요한 것을 얻지 못하면 바로 나한테 알려주세요." 몇 달에 걸친 실망 끝에, "3개 레벨 대화"를 하면서 상황은 바로 해결의 길로 들어설 수 있었다.

존중하고 있다는 것을 알게 해주는 포용

존중과 신뢰가 아무리 고상한 것일지라도 행동으로 뒷받침되기 전까지는 진부한 리더십에 불과하다. 말로 하는 것은 행동으로 옮기는 것과는 완전히 다르다. 포용보다 더 나은 방법은 없다.

"모든 중요한 결정을 내리는 것이 내 임무라고 생각했다"

해롤드 W, 클락, 버지니아 주정부 교정국장
(리치몬드, 버지니아, 미국)

리더십에 대해 아주 중요한 것을 깨닫게 해준 일화가 있습니다. 사람들에게 무엇을 하라고 말하지 말고, 그들이 누구인지만 말해주면 됩니다. 네브라스카 주 교도소의 교도관으로 근무하면서 이것을 아주 어렵게 터득할 수 있었어요. 처음에는 모든 중요한 결정은 내 책임이라고 생각했습니다. 모든 사람들이 문제를 내게 가져와야 한다고 생각했거든요. 최종결정권을 가지고 있는 사람이 나였기 때문입니다. 그러나 인정하고 싶지 않지만 나와 일하는 사람들이 이런 상황에 불만을 가지고 있다는 것을 알게 되었습니다. 이들은 내가 지금 자리로 승진해오기전부터 알고 지낸 사람들입니다. 처벌보다는 사회복귀(갱생)를 강조하는 내 목표를 달성하려면 그들의 존중을 얻어내야 했습니다. 그것은 서로에 대한 존중에서 시작되었습니다.

이 일로 인해 리더로서 배운 것이 정말 많아요. 핵심인물들을 올바른 자리에 앉히고, 그들이 맡은 역할이 얼마나 중요한지 명확히 알게 해주며, 그들을 신뢰한다는 것을 충분히 보여주는 것에 대해 배울 수 있었어요. 내가 한 실수를 그들이 내게 말해 줄 수 있고, 나 또한 그들의 실수를 말할 수 있는 신뢰관계를 구축하기까지는 시간이 필요했습니다. 여러 사람들의 삶을 힘들게 할 수 있는 힘과 권위를 내가 가지고 있기는 하지만, 내가 그들에게 하라고 요청하는 그 일이 옳은 지 여부를 항상 확인해야 한다는 것을 알게 되었습니다. 모든 관계는 신뢰와 존중이 바탕이 되어야 합니다. 그러지 않고는 목표를 향한 그 먼 길을 갈 수 없어요.

리더십 스킬 6: 반드시 참석해야 할 사람이 참석하게 하라

요 약

리더십 스킬 6 :
반드시 참석해야 할 사람이 참석하게 하라

어떤 조치를 취하기 위해 반드시 있어야 할 사람 모두를 "전체 시스템"이라고 우리는 정의한다. 이 방법은 회의를 많이 하지 않고도 신속하게 문제를 해결하고 결정을 내릴 수 있는 유일한 방법이다. 뿐만 아니라 이 방법은 빠른 시간 안에 신뢰를 구축하고 존중과 신뢰를 얻을 수 있게 해준다. 서로 존중하고 신뢰하는 사람들 안에 내재해있는 통제가 자연스럽게 일어날 수 있게 해줌으로써 당신은 더 큰 리더십을 발휘할 수 있다. 협력을 통해 중요한 일을 함께 할 경우에만 이것을 발견하고 경험할 수 있다.

리더십 스킬 6 활용방법

- 여러분이 달성해야 할 목표에 따라 'ARE IN' 체크리스트를 사용하여 공식적인 권한, 자원, 전문지식, 정보, 니즈를 가지고 있는 사람이 누구인지 결정한다.

- 해결해야 할 과제에 필요한 핵심인물을 초청한다. "핵심"인물이 누구인지는 그 사람이 빠졌을 때 어떤 일이 일어날지 생각해보면 바로 결정할 수 있다.

- 안건에 맞게 회의시간을 결정한다. 시간이 얼마나 필요하다고 생각하는가? 솔직하고 현실적인 바탕 위에서 생각하라.

- 사람들에게 감정을 표현할 수 있는 시간을 준다. 회의 참가자들이 가지고 있는 다양한 관점을 충분히 활용하라. 정말로 일을 잘 해내고 싶으면 초반에 모든 감정을 다 쏟아내게 하라.

- "3x3 법칙"을 사용한다: 하나 이상의 부서나 기능조직(function)이 관련되어 있는 문제나 함께 결정해야 할 사항 한 가지를 선택한다. 이 주제에 관련된 2개의 기능조직 그리고/또는 3개의 조직 레벨이 한 자리에 모일 수 있게 한다. 주어진 시간을 고려하여 현실적인 목표를 세운다.

리더십 스킬

코끼리 전체를 경험하게 하라

모든 정보를 가지고
결단력 있게 행동하기

핵심포인트

◆ 모든 것은 다른 모든 것과 연결된다.

◆ 전문가는 하나의 정보소스를 가지고 있을 뿐이다. 시스템에 있는 모든 사람은 다른 사람은 알지 못하는 자기만 알고 있는 정보를 가지고 있다.

◆ 다양한 관점은 문제해결과 의사결정을 크게 개선할 수 있게 해준다.

◆ 이런 현실을 토대로 행동하여 얻을 수 있는 이점 중 하나는 자칫 놓칠 수도 있는 정보를 얻을 수 있다는 것이다.

◆ 또 다른 이점은 사람들이 서로가 하는 말을 들을 수 있다는 것이다. 이렇게 함으로써 어떤 한 사람이 가지고 있는 그림보다 더 완전한 그림을 모든 사람이 가질 수 있게 된다.

◆ 7장은 당신이 어떻게 하면 조직 전반에서 "코끼리 전체"를 발견하고, 역량을 높이고, 자신감도 키워서 조직에 헌신하게 하는지에 대해 보여줄 것이다.

〈장님과 코끼리〉는 존 고드프리 삭스(John Godfrey Saxe(1816-1887)가 오랫동안 전해 내려온 불교 가르침에 따라 지은 시다. 여섯 명의 장님이 각기 코끼리의 일부분만 만져보고는 자신이 만진 것을 말한다. 몸통 옆부분만 만진 사람은 벽이라 하고, 상아를 만진 장님은 창이라고 한다. 코를 만진 장님은 뱀이라고 하고, 다리를 만진 사람은 나무라 하고, 귀를 만진 사람은 부채, 꼬리를 만진 장님은 밧줄이라 하며 자기가 만진 것이 코끼리라고 주장한다. 삭스는 이 이야기가 주는 교훈이 오늘날 많은 조직들과 사회에 경각심을 준다고 결론지었다.

    그리고 이 남자들은
      큰소리로 길게 논쟁을 했어
    각자의 의견이
      가장 논리적이고 견고하다고.
    비록 각자 부분적으로는 옳은 점이 있었지만
      모두 다 틀렸지!

    서로 의미하는 것들에 대해
      무시하면서 비판하고
    그들 중 누구도 보지 못했던
      코끼리에 대해 떠들고 있네.

고대 지혜와 시스템 사고의 만남

패러다임을 바꾸게 해주는 생물학자인 루드비히 폰 베르탈란피피(Ludwig von Bertalanffify)가 쓴 〈일반 시스템이론(General Systems Theory, 1968)〉으로 돌아가 보자. 코끼리 사냥꾼들을 놀라게 할 정도로 많은 내용을 밀도 있게 담아낸 책이다. 그 많은 내용의 핵심을 한 줄로 요약하면, **모든 것은 다른 모든 것과 연결된다**, 이다.

'모든 것'이라는 단어에 집중해 보자. 이 단어는 우주에 있는 모든 존재가 가지고 있는 모든 부분을 포함한다는 것을 의미한다. 사회과학자였던 에릭 트리스트와 프레드 에머리(Eric Trist and Fred Emery)가 영국의 두 항공엔진회사간의 합병을 촉진하기 위해 리더십과정을 운영했던 1960년대를 생각해보면 그것은 엄청나게 신선한 아이디어였다(웨이스보드 외, Weisbord et al., 1992). 당시 한 회사는 피스톤엔진을, 다른 회사는 제트엔진을 만들고 있었다. 그들의 합병은 바다에 떠있는 범선과 모터보트가 격렬하게 맞붙는 문화충돌과 같았다. 트리스트와 에머리는 전략회의를 열고, 두 회사의 이사들이 서로가 원하는 공통점을 찾을 수 있도록 도와주려고 했다. 팽팽히 맞서고 있던 이 두 그룹들에게 대화에 필요한 조건이 무엇인지 알려주기 위해 솔로몬 애쉬(Solomon Asch)가 한 연구를 활용하기로 했다.

애쉬는 사람들이 서로에게서 공통점을 발견할 때 협력이 일어난다는 것을 보여줬다:

- 우리 모두는 동일한 자연 법칙에 지배를 받으며 같은 세상에 살고 있다.

- 모든 사람들은 같은 욕구를 나눠 갖는다: 음식, 물, 피난처, 의미 있는 삶

- 모든 사람들은 다양한 관점을 유효한 것으로 받아들이는데 동의한다: 내가 가지고 있는 사실과 당신이 가지고 있는 사실은 우리의 사실이 된다.

이 전략회의에 참석한 모든 사람들은 일반적으로 통합과정에서 다루게 되는 전문시장과 비용분석을 훨씬 초월한 주제를 넘나들었다. 이 회의는 두 회사의 최고경영진들이 항공산업(두 회사의 공통점)과 일반 산업 양쪽 모두에서 나타나는 최근 트렌드를 어떻게 인식하고 있는지 서로 비교해볼 수 있게 해주었다. 통합된 회사(공통의 이해관계)에서 서로에 대한 확신을 높여줄 수 있는 것은 무엇이고, 함께 할 수 있는 의미 있는 일은 무엇일지 탐색해보게 했다. 우리는

그들이 모든 견해를 유효한 것(우리의 사실)으로 받아들이게 했다.

회의는 에머리가 퍼실리테이트 했다. 트리스트가 맡은 역할은 대화과정을 잘 관찰하고 있다가 사람들이 싸움으로 빠지거나 해야 할 과제를 회피하거나, 해야 할 일이 있을 때 리더만 쳐다보는 상황이 되면, 그들 스스로 대화를 성찰해보게 하기 위해 타임아웃을 부르는 것이었다.(Bion, 1961). 애매한 결정상황에 직면하면 대부분의 그룹이 원래 하려고 했던 중심과제가 무엇이었는지 잊어버릴 수 있다는 것을 타비스톡 인간관계연구소에서 배웠다고 한다. 이런 상황에서는 자신들의 행동을 여러 각도에서 살펴보게 하기만 해도 애초에 하려고 했던 중심과제에 다시 집중할 수 있다고 한다.

코끼리와 항공엔진

1-2일차에는 참석자 모두 세계의 동향과 항공산업에 대해 아주 열정적으로 의견을 나누는 시간을 가졌다. 트리스트는 아무 말도 하지 않고 조용히 앉아있었다. 자신들 밖에 있는 세상에서 무슨 일이 일어나고 있는지 탐험하는 동안 임원들은 "자연스럽게" 일어날 수 있는 '싸움이나 회피'를 비켜갈 수 있었다. 이것을 발견하면서 그룹 역동성에 대한 이전 이론들이 수정되었다. 사실, 긴장상태는 통합된 새 회사에서 누가 어떤 역할을 맡을 지에 대해 이야기를 시작할 때 일어났다. 그때 임원들은 트리스트가 아무 말도 하지 않고 침묵만 지키고 있는 것에 불안해했다. 후에 몇몇 임원은 트리스트가 이사회 의장을 대신해서 그들을 평가할 목적으로 그 자리에 왔다는 생각을 했다고 한다.(말을 하지 않고 있으면 누구도 당신이 가지고 있는 권위를 알아채지 못한다고 생각했다면, 이건 정말 당신에게 대단한 교훈이다.) (옮긴이 주석: 아무 말도 하지 않고 있으면 사람들에게 자신의 존재가 그리 큰 영향을 미치지 않는다고 일반적으로는 생각하지만 실제 회의에 참석한 사람들은 그 사람의 역할을 자기 나름대로 해석하고, 그 역할을 그 사람이 하고 있다고 생각하기 때문에 실제로는 회의에 영향을 미치고 있는 것이다.)

트리스트는 그들이 몰입상태에 있을 때는 굳이 해줄 말이 없어서 그렇다고 설명해주었다. 일단 트리스트의 역할이 명백해지자 그들은 다시 자신들이 하던 일로 복귀하였다.

몇 년이 지난 후 에머리는 높은 고도에서 단거리 활주로를 오르내리는 작은 4개의 엔진을 장착한 제트와 BA-146이 어떻게 그 회의에서 나올 수 있었는지 마브에게 들려줬다. 급속한 변화가 일어나고 있는 세계에서 항공산업에 대해 전체적인 관점을 구축할 수 있도록 충분히 시간을 가지고 각자가 가지고 있는 "차이점"을 임원들이 서로 주고 받는 과정에서 이런 혁신이 일어날 수 있었다.

시스템 혁명

지난 50년동안 사람들은 시스템 사고를 조직에 적용하기 위해 다양한 시도들을 해왔다. 당신은 환경이 우리에게 요구하는 것과 환경이 제약하고 있는 것을 차트지에 복잡하게 지도처럼 그려 넣을 수 있다. 여러분은 등결과성(equifinality, 옮긴이 주석: 출발 초기에 조건이나 상태가 서로 달라 각각 다른 진로를 거치더라도 종착점에 이르러서는 동일한 조건이나 상태가 될 수 있는 속성을 의미한다. 특정 목표에 도달하기 위한 길은 여러 갈래이며 그 길은 저마다 동등한 가치를 갖는다고 보기 때문에 다양한 방법과 길을 통해 목표에 도달하는 것이 중요하다는 의미로도 사용된다), 네가티브 엔트로피(negative entropy, 옮긴이 주석: 엔트로피란 말은 1864년 독일 물리학자 클로우지우스가 "어떤 대상계가 가지는 무질서의 정도"를 의미하는 말로 처음 사용하기 시작했다. 세상은 유용한 것에서 무용한 것으로, 질서상태에서 무질서 상태로 이동하지만 이것은 자연법칙에 해당되는 것이어서 이를 되돌리는 것은 불가능하다고 본다. 대신 네가티브 엔티로피를 가동하여 무질서 상태를 억제하거나 줄이는 것을 권하고 있다.) 및 투과성 경계(permeable boundaries, 옮긴이 주석: 일반체제이론의 주요개념으로, 체제는 폐쇄된 우주 속에 존재하는 것이 아니라 투과성의 경계 permeable boundaries를 통해 그들의 환경과 정보, 에너지, 물질을 교환하는 개방성 능력을 가지고 존재한다고 본다.)와 같은 난해한 단어를 사용할 수도 있다. 이런 시도들이 누군가는 들뜨게 하지만 다른 사람들에게는 수수께끼와 같은 것들로 비쳐질 수 있다.

"코끼리 전체(whole elephant)"이론은 어떤 행동으로 옮겨가기 전에 모든 관계자들이 동일한 시스템에 대해 이야기를 나누는 방식을 취하지 않는 한 아무 실용적인 의미가 없다는 것을 알게 해준다.

생각은 리더의 비전이나 전문가의 조언, 또는 훌륭한 컨설팅 보고서를 포함하고 있을 수 있다. 그러나 그것만으로는 충분하지 않다. 시스템이 제대로 작동(doing)하게 하려면 새로운 실행전략이 필요하다. 리더십 역량이 높은 사람들은 각 개인들의 경험을 모아 시스템 전체에 도움되는 이점을 만들고 헌신적으로 실행할 수 있는 사람들을 확보할 수 있다. 몇 년 전, 위대한 시스템 씽커로 알려진 러셀 액코프(Fussel Ackoff, 1974)가 발견한 것이 있다. 그는 회의를 소집할 때마다 반드시 염두에 두어야 할 중요한 것이 있다고 했다: 시스템을 지원해줄 환경과의 관계를 바꿀 수 있을 때 비로소 시스템을 바꿀 수 있다는 것이었다.

그렇기 때문에 개개인에 대한 교육만으로 시스템을 바꿀 수는 없다. 대화가 필요하다. 모든 사람을 시스템의 "실행자"로 만드려면 그 모든 사람들과 함께 코끼리를 탐색하는 것이 필요하다. 핵심임원, 직원, 고객, 소비자, 공급업자, 그 외 핵심 인물들을 회의에 불러 모아야 한다는 뜻이다. 당신은 차트지에 구불구불하게 그려져 있는 "환경"이라고 불리는 추상적인 그림을 실제 사람으로 바꿔놓을 수 있다. 그들은 "시스템"이 어떻게 작동하는지 그리고 그것을 개선하기 위해 무엇을 해야 하는지 아는 사람들이다. 사람들에게 그렇게 할 수 있는 공간을 만들어주는 것이 바로 높은 수준의 리더가 하는 일이다. 대부분의 사람들은 다른 사람들이 무엇을 알고 있는지 모른다. 만일 당신이 자신의 비전을 모든 사람들에게 강요할 수 있다고 믿는 사람이라면, 더 이상 이 책을 읽을 필요가 없다.

> "모든 관점을 수용한 결정은 엄청난 것입니다."
>
> Pernille Spiers-Lopez, 'Save The Children' Board Member
> (로스앤젤러스, 캘리포니아, 미국)

기업에서는 높은 위치로 올라갈수록 의사결정 속도가 평가에 미치는 영향이 더 커집니다. 핵심을 찾아내어 해결안을 개발하고 실상을 파악하는 것을 말하는 것입니다. 그러나 너무 많은 통찰을 놓칠 수 있어요. 코끼리 전체를 보기 위해 엄청난 시간을 쓸 필요는 없지만 너무 빨리 결정하면 조직에 많은 비용을 초래하고 해를 끼칠 수 있다는 점을 기억해야 합니다.

부사장으로 근무했을 때입니다. 당시 나는 확장전략 수립에 필요한 도움을 줘야 했습니다. 생각만 해도 아찔합니다. CEO는 자기가 생각하는 방향으로 가기를 원했고, 강요하기까지 했습니다. 참석자 중 몇 명이 "조금만 더 기다려보자"는 말을 했지만, 사장을 막지는 못했었죠. 옳은 결정이 아니란걸 알면서도 그 방향으로 갔고, 결국 그렇게 결정하고 말았습니다. 나는 전체 그림(whole picture)에 대해 논의할 수 있는 기회를 주는 것 보다 결정 자체에 더 많은 관심을 쏟는 리더가 되고 싶지는 않아요. 조용한 사람들이 최고의 통찰력을 가지고 있다는 것을 자주 목격할 수도 있습니다. 사람들은 회의를 끝내고 일어섰을 때 자기가 정말로 크게 기여했다고 느끼고 싶어합니다. 모든 관점을 수용해서 결정하는 것은 엄청나게 대단한 일입니다. 사람마다 생각이 다르고 학습 스타일도 다르다는 것을 우리는 너무 쉽게 잊고 지내요.

"코끼리 전체"를 본다는 말은 모든 관점을 통해 보는 것을 의미합니다. 회의에 다양성이 필요한 이유가 바로 여기에 있습니다. 코끼리 전체를 보려면 남성과 여성이 균형을 이루고, 학습 스타일과 리더십 역할이 다른 사람들이 필요해요. 사람들이 진정한 자신의 모습을 드러낼 수 있게 해줄 문화를 권하고 싶어요. 리더가 그런 문화를 조성하는 데 실패하면 사람들은 그냥 자기 생각대로 해버릴 것입니다. 나는 사람들이 자기 역량을 최대치로 쏟아부으면서 일하게 하고 싶어요.

코끼리 전체, 안과 밖

'코끼리 전체'를 탐험하려면 각 개인들이 인식하고 있는 것을 끌어 모으는데 도움되는 방법은 무엇이든 사용할 수 있다. 우리가 "환경"이라고 말할 때 거기에는 글로벌 트렌드는 물론, 사람들의 가치관이나 정서적인 삶까지 모두 포함해서 하는 말이다. 사람들이 자신을 표현하는 모든 방법(생각, 느낌, 그리기, 글쓰기, 연기, 역할극)을 사용한다. 시스템 전체를 이해하는 데 가장 좋은 방법은 각자 이해한 시스템을 자기 방식으로 설명하게 하는 것이다. 그렇게 하지 않고 서로의 관점을 통합할 수 는 없다.

시스템 전체 탐구에 도움이 되는 기법

다른 참석자들이 알고 있는 것을 배우지 않고도 평생 동안 회의에 들어갈 수 있다. 실행에 대해 아무 약속도 하지 않은 채 며칠, 몇 개월 또는 몇 년 동안 데이터 더미에 앉아있을 수도 있다. 정보를 얻는 데는 수백 가지의 기법이 존재하지만 근본 원리를 알기 전까지는 그 많은 기법들이 아무런 도움이 되지 않는다(Weisbord & Janoff, 2007; Weisbord & Janoff, 2010). 20년 이상 여러 시행착오를 겪으면서 서로에게서 전체를 배울 수 있게 해 주는, 어떤 경우에도 사용이 가능한 방법을 추천하고자 한다. 아래에 소개하는 방법 각각은 혼자서는 도저히 얻을 수 없는 다양한 관점을 얻을 수 있게 해준다. 각 방법은 "시스템 전체"를 대변하는 사람이 많을수록 더 효과적으로 쓸 수 있다.

- 돌아가며 말하기 (Go-arounds)
- 타임 라인 (Timelines)
- 마인드맵 (Mind-maps)
- 플로우 차트 (Flowcharts)

돌아가며 말하기 (Go-Arounds)

회의를 진행할 때 우리는 사람들이(서로 모르는 경우) 자신의 이름과 회의에 대한 기대사항을 먼저 말하게 하고 나서 회의를 시작한다. 뿐만 아니라 모든 참석자들이 어떤 상황에 있는지 아는 것이 현명하다고 생각할 때는 언제든 '돌아가며 말하기(go-arounds)'를 사용한다. 이렇게 하면 모든 사람들이 즉각적으로 개인적인 생각을 확인해볼 수 있고 전체라는 생각을 갖게 된다.

또한 아젠다를 설정하고 불안감을 줄이는 두 가지 목적을 동시에 달성할 수 있다. 동의를 얻어내고 지원사항을 확인하며, 교착상태를 깨고 갈등이 표면으로 드러나게 하고, 혼란을 없애기 위해 '돌아가며 말하기(go-arounds)' 기법을 사용할 수 있다. 사람들이 생각하고 행동하고 원하고 상상하는 것에 대해 어떤 환상을 가지고 있는지 확인하기 위해 사용하기도 한다. 현실확인을 요구하는 어떤 말도 흘려버리지 않아야 한다. 두 개의 간단한 예를 살펴보자.

"제가 … 라고 말할 때는 내가 모든 사람을 대변하고 있다는 걸 난 알아요"

"이렇게 생각하는 사람은 아마 나 밖에 없을 겁니다. 그러나 …"

어떤 순간에도 회의를 멈추고 사람들의 생각을 물어볼 수 있다. 발언하고 싶어하는 사람이 누구라도 발언할 수 있게 해준다. 전체상황을 파악하지 못하는 사람이 있다는 생각이 들면 여러 사람들의 말을 들어 보기 위해 회의를 소집할 수 있다.

한 도시에 대한 이야기를 들으면 금방 이해가 될것이다. 그 도시의 다양한 문화를 전시하고 있던 박물관에 방문객이 갑자기 줄었다. 당시 박물관 이사회는 은행과, 재단, 기업조직과 사회기관에서 온 이사들로 구성되어 있었다. 그들은 그 도시가 변화를 겪고 있다는 것은 잘 알고 있었지만 박물관이 다른 문화단체와 심한 경쟁관계에 있다는 것은 알지 못했다. 이 상황을 해결하기 위해 이사회 회장은 특별회의를 소집해서 이사들이 각 조직에서 일어나고 있는 변화를 설명하게 했다. 이렇게 서로 이야기를 나누는 과정을 통해 이전에는 보지 못 했던 도시의 모습을 그려낼 수 있었다. 몇 분 지나지 않아 25명의 참가자들은 새로운 경쟁상황이 오히려 박물관의 생존에 반드시 필요한 변화를 만들어내고 있다는 것을 알게 되었다.

타임라인 (Timelines)

타임라인은 모든 회의 참석자들과 함께 그 조직의 지나온 역사에 대해 배우고 앞으로 나아갈 새로운 길을 발견하는데 도움이 된다. 이 방법은 전략기획 워크숍에서 특히 유용하게 쓸 수 있다. 그러나 핵심 인물들이 논의과정에 반드시 참여하도록 해야 한다. 그들은 논의과정에서 서로로부터 많은 것을 배울 수 있다. 특별한 기술이 요구되는 것은 아니다. 벽을 따라 긴 종이를 붙이고 "X의 역사"라고 제목을 붙인다. X는 여러분이 속한 커뮤니티 프로젝트 또는 프로그램 이름을 쓰면 된다. 몇 센티미터 간격으로 타임라인을 적어 놓는다. 각 참가자들은 그 종이 위에 자신이 기억하는 역사에 대해 글을 적을 수도 있고, 그림을 그려 넣을 수도 있다. 그리고 나서는 적혀진 그림이나 글에 대해 서로 이야기를 나누면 된다. 이 활동을 할 때 우리가 참가자들에게 요구하는 것이 있다. 가장 큰 영향을 받은 사람들이 그때까지 진행되어 온 역사를 제대로 알기 전에는 시스템을 "고치는" 단계로 넘어가지 않아야 한다는 것이다.

유용한 팁: 질문을 많이 하지 않도록 하라. 이 타임라인 활동이 진행될 때는 깊고 복잡한 정보를 이야기하게 된다. "그게 어떤 상관이 있을까요?", "이 타임라인은 우리에게 무엇을 이야기하고 있습니까?" 와 같은 1~2개의 질문만 하라. 그것만으로도 놀랄 만큼 통찰력 있는 대화를 충분히 하게 할 수 있다.

마인드 맵 (Mind-Maps)

창의성 전문가인 토니 부잔(1991)은 마인드 맵을 만들어서 많은 사람들에게 도움을 주었다. 마인드 맵을 사용해서 메모를 작성할 수도 있고 브레인스토밍도 할 수 있으며, 문제를 해결하고 의사 결정도 내릴 수 있다. 소그룹 안에서는 15분이면 마인드 맵을 얼마든지 작성할 수 있다. 100명이 모인 그룹에서 45분안에 끝낸 적도 있다. 마인드 맵은 우리의 통찰과 실행을 자극해준다. 이것은 "활동 중"인 시스템을 한 눈에 볼 수 있도록 시각화 해준다.

높이 2미터, 길이 4미터 종이를 우리는 주로 사용한다. 회의 주제를 종이 한 가운데에 적어 넣고 동그라미를 치기만 하면 된다. 그리고 나서 현재 시점에서 가까운 시간대를 선택해서 주제에 대한 사례를 브레인스토밍하게 한다. 새로운 항목이 나오면 동그라미에서 시작되는 다른 색깔로 표시된 선 위에 적거나 또는 기존에 있던 선으로부터 새로운 가지를 만들어서 거기에 적는다. 항목을 말한 사람이 자신이 말한 것이 어느 줄기에 연결되는지 마인드 맵 위에 있는 위치를 결정하게 한다. 모든 아이디어는 다 유효하다. 모든 사람들이 발언자의 아이디어를 들을 수 있도록 한번에 하나씩만 진행한다. 이어서 나오는 대화들은 모든 사람들이 인식하고 있는 세계와 관련되어 있다. 더 자세한 안내는 〈Future Search〉 5장을 참고하면 된다 (Weisbord and Janoff, 2010).

플로우 챠트 (Flowcharts)

플로우 챠트는 그룹이 제품을 생산하고, 모금 운동을 계획하고, 서비스를 제공하는 것과 같은 연속적인 업무 프로세스를 정리할 수 있게 해주는 도구이다. 시스템을 이해하고 고칠 수 있게 해주는 가장 좋은 방법은 관련된 사람들과 함께 플로우 챠트를 만들어 보는 것이다. 이 활동을 통해 모든 참석자들은 자신이 하는 활동이 시스템 전체에 어떤 영향을 미치는지 알 수 있다.

각 참석자가 자신이 가장 잘 아는 프로세스 단계에 대해 설명하면, 자원자가 나서서 모두가 볼 수 있는 곳에 그것을 써서 붙이게 한다. "무슨 일이 처음 일어났나요?" "다음은요?" 라고 물어보라. 어느 단계이든 거기에 대해 아는 사람이 아무도 없다면, 내용을 알고 있는 사람에게 연락한다. 모든 사람들이 전체에 대해 알 수 있게 하려면 잃어버린 각각의 조각을 함께 맞춰 넣어야 한다.

암 치료기계를 만드는 회사의 고객들은 부품을 구하는데 시간이 너무 오래 걸린다고 불평을 쏟아냈다. 이 문제를 해결하기 위해 특별팀이 구성되었는데, 이들은 전화주문을 접수 받는 담당자에서 시작하는 플로우 차트를 만들었다. 이 활동에서 드러난 것을 보고 모든 사람들은 놀라움을 금치 못했다. 부품 요청이 들어오면 3개의 빌딩에 있는 23개 데스크를 거쳐야만 했다. 배송 전에 각 데스크 담당자는 양식을 작성하고 요청서에 서명한 후, 승인이 떨어지기를 기다려야 했다.

"환자의 목숨이 위태로운 경우에는 시간이 얼마나 걸립니까?" 회의 리더가 물었다.

"우리는 시스템을 통해 요청하기 때문에 당일 배송이 될 수 있도록 최선을 하고 있습니다."라고 현장 감독자가 대답했다. 특별팀은 응급상황과 같은 예외 상황을 위한 별도의 원칙이 있어야 한다는 결정을 내렸다. 관련된 모든 사람들과 함께 작업하면서 업무 프로세스를 5단계로 줄이고 24시간 회전주기를 표준안으로 채택했다.

사실 대 의견 (Facts versus Opinions)

누구도 사실과 의견 차이라는 오래된 역설을 피해 갈 수는 없다. 의견을 가지고 있는 사람들이 그것이 마치 진실인 것처럼 행동하게 되면 그 의견은 사실이 되어 버린다. 우리 모두는 자신이 믿고 있는 것에 잘 맞는 리서치 자료나 뉴스기사, 유명인이 한 연설 내용을 인용해서 말한다. 이쯤 되면 사실은 사실이 아니다. 어떤 사안을 증명하기 위해 "데이터나 정보"를 사용해왔다. 중요한 회의에서는 철학적인 선택을 해야 한다. 이때 우리는 우리가 가지고 있는 것에 근거해서 어떤 행동을 취할 수도 있고, 더 많은 자료를 찾아볼 수도 있다. 계속해서 이야기를 이어갈 수도 있고, 아니면 모든 것을 잊어버릴 수도 있다. 우리는 사람들이 정보에 근거하여 선택할 수 있도록 주제에 대해 충분히 상호 학습할 것을 권장한다. 그것이 리더가 할 수 있는 최선이다.

요 약

리더십 스킬 7 :
코끼리를 전체를 경험하게 하라

모든 것은 다른 모든 것에 연결되어 있다. 한 시스템을 이해할 수 있는 최선의 방법은 그 시스템을 직접 경험해보는 것이다. 이 말은 회의에서 시스템에 대해 직접적인 경험을 가진 사람들이 서로의 말에 귀 기울이게 하라는 말이다. 그렇게 하면 모든 사람들이 더 나은 선택을 할 수 있을 것이다. 이전에 어떤 한 사람이 알았던 것보다 각 개인이 전체에 대해 더 많은 것을 배울 수 있을 때 자신이 져야 할 책임을 받아들일 가능성이 훨씬 더 높아진다. 모든 사람들이 서로가 어떻게 하나로 연결되는지 잘 이해하고 있는 시스템에서는 외부 통제가 훨씬 덜 필요하다. 리더십은 사람들을 바로 그 지점에 서게 하는 것이다.

리더십 스킬 7 활용방법

◆ 중요한 문제에 대해서는 모든 사람들의 의견을 들을 수 있도록 '돌아가면서 말하기(Go Arounds)'를 사용해보라.

◆ 타임라인과 마인드맵, 또는 플로우 차트를 여러분의 목적에 맞게 잘 조정해서 사용하라.

◆ 어느 한 사람도 가진 적이 없었고, 어떤 전문가도 절대로 제공할 수 없는 전체에 대한 그림을 갖도록 하라.

◆ 모든 관점을 충분히 탐색할 수 있을 때까지는 문제해결이나 의사결정을 미루도록 하라.

리더십 스킬

암묵적인 합의는 표면으로 드러내라

기대하지 않은 곳에서 공통점 발견하기

핵심포인트

- 대부분의 리더들은 많은 안건 가운데, 조정하기 어려운 20%의 갈등을 해결하기 위해 주어진 시간의 80%를 사용한다.

- 많은 사람들은 그들이 어느 정도까지 합의하고 있는지 잘 인식하지 못한다. 다른 사람들을 대상으로 로비하기에 바빠서 자기가 진행하고 있는 방식을 제대로 보지 못한다.

- 스킬이 높아지면 의견충돌을 피할 수 없는 당연한 것으로 대할 수 있다.

- 의견충돌을 통제하려 애쓰기 보다 자연스럽게 그것들을 받아들여서 리드한다.

- 8장에서는 가치의 차이와 해결이 가능한 갈등을 구분해낼 수 있는 방법과, 말이 아닌 행동으로 리드하는 방법에 대해 보여줄 것이다.

공통지대(common ground)를 사전에서는 "상호 이해"로 정의하고 있다. 우리는 이것을 "모든 사람이 합의한 행동원칙"으로 정의한다. "공통지대는 있을 수도 있고, 없을 수도 있다." 그러나 공통지대를 찾기 위해서 어떤 것을 포기할 필요는 없다. 어느 누구도 화합때문에 따르기 싫은데도 불구하고 억지로 따를 필요는 없다. 이런 것들은 당신이 후대에 남겨줄 수 있는 멋진 관례가 된다. 사람들은 종종 X와 Y가 만들어내는 불일치가 A, B, C가 서로 협력하지 않아서 생긴 것이라고 본다. 그러나 그들이 함께 설 수 있는 공통지대를 발견하기만 하면 이 딜레마는 얼마든지 잘 극복할 수 있다. 서로의 관심사를 해결하고 결정사항을 지원해주는데 주저함이 없어진다. 낙태에 대한 토론에 관심 있는 사람들은 낙태 반대론자와 찬성론자들에게 깊게 자리잡고 있는 가치관이 쉽게 바뀌지 않을 것이라는 것을 잘 알고 있다. 하지만 반대론자와 찬성론자 모두 탁아소의 중요성에 대해서는 대부분 동의한다.

누군가는 동의하고 또 다른 누군가는 동의하지 않는다면, 그것은 해결해야 할 문제가 아니라, 감수하며 살아가야 할 현실이 된다. 양극화된 이슈 이면에도 중요한 합의 요소가 있음을 종종 발견할 수 있다. 가치 차이에 대해 서로 부정적인 꼬리표를 달지 못하게 하라. 다루기 힘든 갈등은 해결해야 할 과제가 아니라, 그것을 정보로 다룰 수 있는 방법에 대해 학습하라. 모든 사람들이 볼 수 있는 곳에 갈등사항을 적어 두고 다음으로 넘어가라. 나중에 언제든지 이 갈등사항으로 되돌아 올 수 있다. 공통지대에 도달했다고 생각하면, 그 지점에서는 서로 협력해야 한다는 점을 강조하라.

공통지대가 주는 이점

의견차이로 결론짓기 전에 양측이 공통지대를 발견할 수 있으면 이점을 얼마든지 많이 만들어낼 수 있다. 다음은 그 이점들을 예로 들어본 것이다.

- 우리가 상상하는 것 보다 훨씬 더 많은 합의점이 존재한다.

- 완전한 합의는 모호성과 불확실성을 감소시켜준다.

- 다루기 힘든 차이점에 대한 논쟁에 에너지를 쓰는 대신, 실행에 더 많은 에너지를 쓸 수 있다.

- 폭넓은 지지를 받고 있다는 것을 알게 되면 사람들은 훨씬 쉽게 책임을 받아들인다.

공통지대에 도달하기

일부 사람들은 완전한 합의가 "현실 세계"에서는 일어나지 않는다고 믿는다. 수년 동안 마비상태에 있던 팀이 몇 시간 안에 문제를 해결하는 것을 경험해본 적이 없다면, 어쩌면 그 믿음은 사실일수도 있다. 그들 대부분은 절대 해결이 불가능한 문제들과 씨름하는데 시간을 낭비하지 않도록 사전에 합의절차를 거친다. 30년 전에는 이런 점에 합의하는 것이 불가능하다고 우리는 생각했다. 그러나 지금은 이미 많은 문화권에서 이런 합의를 볼 수 있다.

완전한 합의점을 찾는 것은 생각보다 쉽다. 완전한 합의라는 말은 모든 사람이 모든 것에 합의해야 하는 것을 의미하는 것이 아니다. 당신이 바꿀 수 없는 것은 받아들여야 한다. 그러나 그것은 당신이 변경 가능한 것을 발견하기전까지만 적용되는 말이다. "코끼리 전체"를 탐색해보기도 전에 모두가 합의해야 할 사항이 무엇인지 그룹에게 물으면 대부분 잘못된 추측을 한다. 대화를 하면 자기 내면의 소리에만 집중할 때와는 완전히 다른 결론에 도달할 수 있다. 그렇기 때문에 모든 사람들의 의견과 감정을 듣는 것이 너무나 중요하다.

3,000여명의 직원이 일하고 있는 한 복지서비스 단체는 설립자인 CEO가 은퇴할 시점에 큰 위기 상황에 빠지고 말았다. 이 단체는 연금제도를 가지고 있지 않은 독특한 비영리단체였다. 그들은 평등

이라는 전통을 오랫동안 유지해왔다. 모든 직원들은 지위 고하를 막론하고 퇴직금을 포함해 동등한 혜택을 받고 있었다. 수십년에 걸쳐 이 조직을 만들어온 혁신가였던 CEO는 퇴직 무렵이 되자 자신에게 후한 퇴직금을 지급해줄 것을 요구해왔다.

이사들은 옳은 결정을 내리기 위해 고민에 고민을 거듭했다. 이사들 대부분은 예산이 가능하면 그가 원하는 대로 해주고 싶어했다. 오랜 논의에도 불구하고 결론이 나지 않아 결국 그들은 이 분야 전문가를 영입했다. 그 전문가는 적당한 수준에서 CEO에 대한 퇴직금을 지급할 것을 제안했다. 그러나 이 결정에 영향을 가장 많이 받는 경영진의 견해는 달랐다. 아무리 유일무이한 기여자라 해도 특별 대우는 바람직하지 못한 전례를 남길 수 있다는 것이었다. 민간기업에서 일을 하면 훨씬 더 많은 돈을 받는다는 것을 알면서도 그들 모두가 수용해왔던 가치, CEO가 수십 년 동안 공개적으로 옹호해왔던 가치에 위배될 수 있었기 때문이다. 이런 모순은 수 천명의 직원들에게 피해를 줄 수 밖에 없다.

무엇이 가장 최선인가에 대한 심도 깊은 대화를 나눈 후에 이사회와 경영진은 100퍼센트 합의에 도달할 수 있었다. CEO의 이름으로 매년 뛰어난 봉사상을 후원함으로써 동료였던 그 CEO를 제대로 예우해주고, 퇴직금은 다른 직원들과 같은 수준에서 지급한다는 것이 최종 결정사항이었다.

문제해결을 미루라

우려와 의견이 공존하는 영역에 대해 모든 사람이 충분히 이야기할 때까지는 문제해결에 들어가지 말라. 문제를 해결하도록 사람들을 압박하면 그들이 함께 만들 수 있는 공동의 열망을 찾지 못하게 된다. 회의시간을 절약하기 위해 너무 서두르지 않도록 하라. 나중에 반드시 더 큰 대가를 치르게 될 것이다.

갈등은 오픈해서 그대로 남겨두라

공통지대를 찾는 것이 목표일 때는 갈등이 있다는 것을 인정할 수 있도록 용기를 주라. 참석자들이 동의하는 부분이 어디인지, 더 중요하게 생각하는 부분은 어디인지, 행동할 의향이 있는 부분은 어디인지 알아내는데 여러분의 소중한 시간을 투자하라.

미래에 집중하라

사람들에게 꿈을 가시화해볼 수 있는 기회를 만들어주라. 누구나 의미 있는 일을 하고 싶어한다. 다른 사람들도 의미 있는 일을 하고 싶어한다는 사실을 알면 우리는 놀라게 된다. 전략회의를 예로 들어보자. 참석자들에게 미래의 한 시점으로 가서 이미 꿈이 실현되었다는 것을 상상해보게 한다. 50년도 더 전에 마치 "희망하는 미래"에 살고 있는 것처럼 상상해보게 한 그룹 역동성의 선구자인, 로날드 리피트로부터 우리는 이 기법을 가져왔다. 시나리오 연출을 함께 하면 시나리오에 있는 행동을 하도록 사람들을 동기부여하게 된다는 사실을 로날드는 알아냈다(리피트 1998). 이 방법은 그룹이 현재 가지고 있는 것을 토대로 미래를 계획하게 하는 전통적인 "비전수립"보다 훨씬 강력하다. 우리는 이 경이로운 현상이 만들어내는 힘을 전세계를 대상으로 지속적으로 실험해왔다(웨이스보드 & 제노프, 2010).

공통지대를 위한 대화

공통지대를 위한 대화는 당신이 상상하는 것보다 훨씬 쉽다. 8명에서 20명으로 구성된 경영팀에서 핵심이슈 한 가지를 선정하게 한 후, 그에 대한 그들의 입장을 말하게 하라. 그리고 나서, "여러분이 서로 합의하는 부분은 어디입니까?" 라고 물어보고, 그들이 말하는 답변을 받아 적는다. 모든 사람이 공통된 부분을 나타내는 것에 만족할 때까지 토론하게 하라. 만약 도저히 해결할 수 없는 의견차이를 발견하면, "합의되지 않음" 목록에 적어 두라. 합의한 것에 필요한 조치를 취하고 난 후 언제든지 이 부분으로 돌아와 다시 검토할 수 있다. 이렇게 하지 않으면 모든 사람들이 진심으로 지지하는 것이 무엇인지 전혀 알아낼 수 없을 것이다.

　　20~100명의 사람들을 리드하는 경우에는 전체를 몇 개의 소그룹으로 나누어 앞에서 한 것과 동일한 절차대로 진행하게 하라. 서로의 공통지대라고 생각되는 것을 찾아낸 후 그것을 전체에게 보고하게 한다. 위에 설명한 것처럼 대화를 계속해서 진행하라. 대규모 그룹을 위한 단계별 진행방법은 Future Search를 참고하라.

불안과 모호성에 머물러 있기

우리는 60~80명의 참가자로 이루어진 그룹에도 2시간내에 모든 안건의 80~90%에 대해 100% 동의를 얻어낼 수 있는 공통지대를 위한 대화를 사용해왔다. 가끔은 대화 과정에서 느끼는 뉘앙스와 미묘한 차이, 해석한 것에 대해 사람들이 의문을 제기하기도 한다. 그러나 사람들이 제기하는 의문을 사소한 일로 치부하지 않도록 하라. 사람들이 스스로 이해하고 헌신하는 데 필요로 하는 것을 과소평가해서는 안 된다. 우리가 실행계획을 냉소적으로 보는 이유 가운데 하나는 불안감을 줄이기 위해, 또는 회의를 빨리 끝내기 위해 의구심이 드는데도 불구하고 그것을 정면으로 다루지 않고 그냥 지나가 버리기 때문이다. 이런 경향이 더 이상 확산되지 않도록 하라. 당신은 사람들이 그렇게 하지 않도록 충분히 잘 리드할 수 있다.

　　사람들이 불안상태에 머물러 있도록 놔두되, 당신 내면에서 일어나는 불안감은 잘 통제하라. 그런 어려운 불안 상황에서도 100% 합의를 이끌어낼 수 있다는 것을 사람들이 처음으로 알 수 있도록 당신이 만들어줄 것이다.

합의되지 않은 항목 처리방법

불가피하게도 몇 개 안건은 "합의되지 않음" 목록으로 들어갈 수 있다. 그럴 때는 그 항목들을 큰소리로 읽어주라. 그리고 그들이 의견차이를 잘 이해하고 있는지 물어보라. 그 항목 모두를 해결할 필요는 없다. 단지 어디에서 의견차이를 보이는지에 대해서는 명확히 하도록 하라. 회의를 끝낸 후에는 이 합의되지 않은 항목들을 어떻게 처리하고 싶은 지 물어보라. 오류 없는 프로세스가 존재하지 않는다는 것을 우리는 너무도 잘 알고 있다. 사람들은 그들이 의견차이를 보인 것에 대해 책임을 져야 한다. 그러므로 이 의견차이는 문서로 남겨두는 것이 현명하다.

최종결과 (Bottom Line)

공통지대를 만들기 위한 방법이 충분한지에 대한 테스트는 새로운 합의를 이행하는 정도에 달려있다. 행동하는 것보다 합의하는 것이 더 쉽다. 한번은 목표달성을 위한 계획수립 회의를 리드한 적이 있다. 모든 참석자들이 의료서비스에 대한 접근성을 높이자는 데는 합의를 했다. 그러나 막상 실행팀을 위해 서명을 요청했을 때는 어이없게도 아무도 응하지 않았다. 무엇을 해야 하는가와 그것을 누가 하느냐 사이에 존재하는 갭이 드러난 순간이었다. 만약 모두가 지지하는 어떤 것에 대해 행동을 취하지 않으면 그 우선순위는 겉치레에 불과하다. 마지막으로, 당신이 이미 알고 있는 것을 충분히 알 수 있도록 하라: 공통지대가 부족하다고 해서 리더들이 의사결정을 면제받을 수 있는 것은 아니다. 긴급한 사안에 대해 100% 합의를 얻을 수 없다면, 그때가 바로 모두를 위해 리더인 당신이 결정해야 할 순간임을 기억하라.

갈등에서 공통지대로

공통지대 마련에 도움이 되거나 방해 역할을 하는 조직구조에 대해 알아보자. 우선 먼저 구조가 사람들의 일상적인 행동에 어느 정도 영향을 미치는지를 보여주는 고전을 다시 한번 더 살펴보기로 하자 (Lawrence & Lorsch, 1967). 이 두 저자는 비슷한 제품을 생산하고 있는 더 성공적인 회사와 덜 성공적인 회사에 대해 연구한 적이 있다. 모든 사례를 살펴본 후 발견한 것은 영업부, 생산부, 연구개발부서 사이에 피할 수 없는 갈등이 존재한다는 것이었다. 각 부서는 근본적으로 일을 하는 목적도 다르고 업무시간대도 달랐으며 다른 사람들과 상호작용을 하는 이유 또한 달랐다. 영업부는 좋은 관계를 맺는 스킬을 필요로 하고, 생산부는 일간 단위 성과를 필요로 하며, 연구개발부는 장기적인 관점에서 일을 하지만 조용히 혼자 일하는 것을 필요로 한다.

갈등은 성공하기 위해 반드시 해야 할 일을 하고 있는 사람들에게 나타난다. 만약 그들이 함께 하게 해줄 공통지대를 원한다면, 각 부서 업무에 들어있는 구조적인 갈등을 파악하는 것부터 배워야 한다. 그런 구조적 갈등이 분출될 때는 그 사람들이 가지고 있는 최악의 모습도 함께 분출된다. 그렇게 되면 모든 사람들은 그 사람들의 "성격"을 비난하게 된다. 그러나 개인적인 상담으로는 구조적인 갈등을 해결하지 못한다. 성과가 낮은 조직에서는 갈등을 피하기 위해 사일로(옮긴이 주석: 조직/부서 이기주의와 장벽을 의미하는 경영학 용어. 곡식을 저장해두는 굴뚝 모양의 창고인 사일로(Silo)처럼 조직의 부서들이 다른 부서와 담을 쌓고 내부 이익만 추구하는 행위를 의미)를 구축한다. 반면에 고성과자들은 부서 간 업무에 차이가 있는 부분을 해결하기 위해 지원을 아끼지 않고 갈등을 관리하기 위해 서로 간의 차이점을 이해하고 통합하는 데 도움이 될 수 있는 모든 방법들을 사용한다.

갈등하는 부서들이 공통지대를 마련하게 해주는 3가지 방법

사일로를 무너뜨리고 부서간 갈등을 줄이기 위해 다음 3가지 팁을 활용해보라.

- 갈등을 개인적으로 받아들이지 말라.

- 효과적으로 갈등을 관리하고 싶으면 연습을 하라.

- 기회가 될 때마다 통합자가 되어 보라.

갈등을 개인적으로 받아들이지 말라

사람들은 왜 자신이 옳고 다른 사람들은 틀렸는지 설명하기 위해 고정관념을 가지고 차이점을 바라보며, 누군가를 희생양으로 삼고, 차이점을 과장하기도 한다. 그러나 조직구조가 차이점을 만드는 데 어떤 역할을 하는지 알고 있는 사람들은 그리 많지 않다. 자신들이 맡은 일에서 최선을 다하려면 그 부서만의 독특한 업무처리 특성이 필요할 때가 있다. 그것에 대해 강한 감정을 갖는 것은 지극히 당연하다. 물론, 목표가 달라지면 기대 또한 달라진다. 다른 시간대에 있는 사람들은 템포가 다른 드럼 연주자에 맞춰서 행진하게 된다. 그러나 그들 또한 모든 사람들의 이익을 위해 협력할 필요가 있다.

효과적으로 갈등을 관리하고 싶으면 연습을 하라

갈등 관리에서 가장 효과적이지 못한 방법은 달래 주고, 피하고, 싸우는 것이다. 이 모든 것은 오히려 결과를 약화시킨다(Lawrence & Lorsch, 1967b). 효과적인 조직은 문제에 맞서서 해결하는 것을 최우선으로 삼는다. 그들은 차이점과 대화, 두 가지를 모두 당연한 것으로 생각한다. 쉽게 해결할 수 없는 갈등도 있다. 만약 갈등 당사자 사이에서 공통지대를 찾은 후에도 서로 합의가 일어나지 않으면, 최고의 리더는 단독으로 결정을 내려야 한다. 회사가 그들에게 높은 비용을 지불하는 이유가 바로 여기에 있다.

기회가 될 때마다 통합자가 되어 보라

효과적인 회사는 통합자들을 잘 활용할 줄 안다. 이들은 제품매니저나 프로젝트 매니저와 같이 전문적인 리더십 역할을 수행하며, 전체 성과를 위해 협력을 이끌어내는 책임을 지고 있다. 성공적인 통합자는 차이점을 받아들이고, 다양한 욕구를 인정해주며 한쪽으로 치우치지 않는다(Lawrence & Lorsch, 1967b). 전체의 이익을 달성하기 위하여 통합자들이 다른 전문성을 가진 그룹에 영향을 미칠 때 그들은 신뢰를 얻을 수 있다.

모든 업무는 자연스럽게 통합되게 되어 있다. 품질, 교육, 정보기술, 인적자원, 재무, 엔지니어 부서, 이들 모두 다른 사람들에게 영향을 미친다. 성과가 낮은 직원들은 시키는 일만 한다. 그러나 고성과 직원들은 그들의 전문성이 모두에게 이득이 될 수 있도록 행동한다.

한번은 혼란에 빠진 소비재 회사와 함께 일한 적이 있었다. 마케팅부서는 인기 있는 상품이 공장에서 지연 처리되는 바람에 자꾸 거래를 놓친다며 화가 나서 공장에 메모를 보냈었다. 그 딜레마를 해결하기 위해 두 부서를 이끌고 있는 임원들이 만났다. 마케팅부서는 공장 측에서 인기상품의 재고를 유지하는 것보다 제품생산에만 신경 쓰고 있다고 주장했다. 반면에 공장측 임원은 마케팅의 포장 요구가 문제라고 답변했다. 비슷한 제품에 대한 포장을 변경하려면 8시간이 더 필요하기 때문에 지연될 수 밖에 없다는 것이다.

감정이 격렬해지자 우리는 특별 전담팀이 직접 공장 현장을 방문해 볼 것을 제안했다. 기계 담당자는 작업 전환이 왜 그렇게 오래 걸릴 수 밖에 없는지 보여줬다. 다양한 제품들은 각기 다른 포장상자를 필요로 했고, 그때마다 기계를 매번 재설정해야 했다. "저게 바로 당신들이 주장해온 상자입니다", "우리가 만들고 있는 상자가 바로 저기에 있단 말입니다." 라고 말했다.

마케팅 매니저는 깜짝 놀라며 "다른 상자는 필요 없어요." 라고 말했다. 포장디자이너는 "우리는 영업팀에서 다른 사이즈를 요구했다고 생각했어요,"라고 말했다. 세 개 부서는 포장설비 기술자와 몇 분 동안 논의한 후 세 부서가 필요로 하는 공통기반을 찾아냈다. 그 공통기반에 근거하여 포장을 재디자인하였고, 생산량은 점점 증가되었다. 주요 갈등은 이렇게 해소되었다.

요 약

리더십 스킬 7 :
암묵적인 합의는 표면으로 드러내라

공통기반을 찾으려면 자신이 인식하고 있는 것과 합의하는 부분이 무엇인지 다른 사람들에게 공유해줘야 한다. 그리고 실행에 대한 약속도 해야 한다. 모든 의견을 충분히 듣고 난 후 모든 사람이 동의하는 진술문이 공통기반(common ground)이라고 생각하라. 높은 수준에 올라 와 있는 리더는 사람들이 공통기반을 찾을 수 있도록 리드할 줄 안다. 공통기반으로 사람들을 이끌어가는 리더십을 통해 얻을 수 있는 이점은 공통 관심사에 대한 협력을 높이고 빠른 실행을 가져올 수 있다는 점이다. 이렇게 함으로써 참여자들의 헌신과 의욕, 생산성 측면에서 엄청난 성과를 만들어 낼 수 있다. 어떤 사람은 동의하지만 다른 누군가는 동의하지 않는다면, 그것은 해결해야 할 문제가 아니라, 가지고 살아가야 할 현실이다. 결과를 통제할 필요는 없다. 다만 대화와 상호이해를 통해 공통기반에 도달하면 된다.

리더십 스킬 8 활용방법

다음으로 예정된 중요한 회의에서 아래 사항들을 조금씩 실험해본다.

- 공통기반 마련이 중요한 이슈 한 가지를 선택한다.
- 사람들이 합의점을 분명히 할 수 있는 기회를 만들어라.
- 문제와 갈등은 정보처럼 취급하라.
- 그 시점에서 해결할 수 없는 안건은 "합의되지 않음" 목록에 올려라.
- 합의한 것과 합의하지 못한 것이 무엇인지 함께 검토하라.
- 다음에 할 일을 결정하라.

에 필 로 그

리더가 걸어야 할
다음 여정은 무엇인가?

다른 사람들이 더 나은 리더가 되기를 바라는 것은 끝이 보이지 않는 구덩이에서 기적과 같은 구조를 바라는 것과 같다. 자신을 더 좋은 리더로 만드는 것이 오히려 좀 더 확실한 배팅이 될 것이다. 그것은 시도가 될 수도 있고, 도전이나 즐거움이 될 수 있다. 그것은 끝없는 길을 여행하는 것을 의미한다. 그 여행에서 당신은 한 번도 가보지 못한 장소들을 볼 수 있을 것이다. 자신도 알지 못했던 어떤 부분들을 새롭게 찾을 수도 있다. 심지어 한때 부정하고 거부했던 자신의 특정 부분을 인정하게 될 수도 있다. 또한 더 큰 만족감과 자유로움, 자신감, 그리고 다른 사람들을 있는 그대로 수용할 수 있는 능력을 얻을 수 있을지도 모른다. 이 모든 것들은 우리가 걸어온 길에서 만났던 우리의 친구들이다. 이 책은 우리의 리더십 여정을 기록한 여행기다. 길을 걷는 동안 고급 기술이 우리가 전에는 하지 못했던 것들을 할 수 있게 해주는 것임을 배웠다. 그것은 오랜 관행을 뒤집는 것을 의미한다.

그래서, 당신에게 다음은 무엇인가?

솔직히 답한다면, 우리는 미래를 예측할 수 없다. 특히 쉬지 않고 끊임없이 변하는 세상에서 리더십의 미래를 예측하는 것은 불가능하다. "다음은 무엇인가?" 라는 질문에 대한 우리의 대답을 당신에게 말해줄 수는 있다. 우리가 해왔던 일들이 더 이상 우리를 도와주지 않을 때마다 우리는 관습을 뒤집을 것이다. 커다란 결과를 야기할 수도 있는 이것은 간단할 수도 있고, 혹은 그냥 주어질 수도 있다. 몇 년 전부터 우리는 가능한 한 창문 없는 회의실은 피하기로 결정했다. 우리 성공의 상당 부분은 사람들이 있고 싶어하는 공간을 찾았기 때문에 가능한 것이었다고 보기 때문이다. 이 부분은 할 수 있는 한 우리가 통제하려고 하는 부분이다. 자신들의 일자리를 좋아하는 사람들과 일할 때 우리가 더 잘 행동한다. 이것은 "리더십 스타일"과는 아무 관계도 없다.

지난 수년간 활동을 하면서 우리는 권력, 자원, 전문지식, 정보, 그리고 니즈를 동원하는 것이 점점 더 쉬워진다는 것을 알게 되었다. 우리는 모든 만남에 있어 우리 안에 무슨 일이 일어나고 있는지 주의 깊게 보려 노력한다 - 사람들과 상황에 대한 반응, 현재 벌어지고 있는 일에 대한 기분, 성공에 도움이 되거나 방해가 될 우리의 판단이나 충동.

우리는 계속 우리의 경험으로 돌아가 같은 길을 걷는 사람들과 비교해볼 것이다. 우리는 우리가 옳다고 믿는 것을 강요하거나 억제하지 않으면서 우리가 가지고 있는 권력을 경쾌하고 단호하게 사용하길 원한다. "코끼리 전체"는 우리가 보거나 느낄 수 없는 부분까지 포함한다는 것을 인지하고, 행동으로 들어가기 전에 회의에 참석한 모든 사람들의 이야기를 들을 수 있도록 노력한다. 예전만큼은 아니지만 우리는 아직도 불안감을 느낀다. 우리는 우리의 불안감과 남들의 불안감을 장애물이 아니라 새로운 기회로 받아들이려 한다. 우리는 차이, 반대, 오해, 그리고 실수를 리더들에 대한 시험으로 받아들이지 않고 인간이 가질 수 있는 필수적 조건으로 생각한다. 그러므로 우리는 그런 사항들을 돈과 힘으로 처리할 수 있는 문제로 인식하기보다는 그 현실속에서 가능한 쉽게 살도록 노력한다. 또한 우리는 모든 사람들에게는 그들 자신도 인지하지 못한 좋은 부분들이 있다는 것을 안다.

우리는 우리가 가지고 있는 "고급" 스킬을 새로운 관행으로 만들었다. 지금 우리가 가지고 있는 도전은 그 스킬들을 새로운 사람들과 상황에 맞게 불러내는 것이다. 해가 어제 떠올랐다고 해서 그것이 오늘도 밝혀주는 것은 아니기 때문이다. 우리도 우리의 8가지 스킬의 한계를 알 수 없다. 우리가 알아낼 때까지 우리는 우리의 범위를 확장 시켜줄 수 있는 기회를 환영한다. 우리는 이 책이 여러분이 길을 찾아가는 여정에서 같은 의미에서 도움이 되기를 바란다.

참고자료

Ackoff, Russell. *Redesigning the Future: The Systems Approach to Societal Problems*. New York: Wiley, 1974.

Agazarian, Yvonne M. *Systems-Centered Theory for Groups*. New York: Guilford Press, 1997.

Asch, Solomon E. *Social Psychology*. New York: Prentice Hall, 1952.

Bion, Wilfred R. *Experience in Groups*. London: Tavistock, 1961.

Buzan, Tony. *Use Both Sides of Your Brain: New Mind-Mapping Techniques* (3rd ed.). New York: Plume Books, 1991.

Faucheux, Claude. "Leadership, Power & Influence within Social Systems." Paper prepared for a Symposium on the Functioning of the Executive, October 10–13, 1984, Case Western University, Cleveland, Ohio.

Friedman, Richard A. "The Feel-Good Gene," *New York Times Sunday Review*, March 8, 2015, p. SR1.

Janssen, Claes. *The Four Rooms of Change* (Forandringens fyra rum). Stockholm: Ander & Lindstrom, 2005. English version available at http://www.claesjanssen.com/books. For training in its use, see http://www.andolin.com/fourrooms.

Lawrence, Paul R., & Jay W. Lorsch. "New Management Job: The Integrator." *Harvard Business Review*, November–December 1967a.

Lawrence, Paul R., & Jay W. Lorsch. *Organization and Environment: Managing Differentiation and Integration*. Boston: Harvard Business School Press, 1967b.

Lippitt, Lawrence L. *Preferred Futuring: Envision the Future You Want and Unleash the Energy to Get There*. San Francisco: Berrett-Koehler, 1998.

Madsen, Benedicte, & Søren Willert. *Working on Boundaries: Gunnar Hjelholt and Applied Social Psychology*. Aarhus, Denmark: Aarhus University Press, 2006.

Mix, Philip J. "A Monumental Legacy: The Unique and Unheralded Contributions of John and Joyce Weir to the Human Development Field." *Journal of Applied Behavioral Science, 42*(3), September 2006, 276–99.

Perls, Frederick. "Finding Self through Gestalt Therapy." From Cooper Union Forum Lecture Series, *The Self*, March 6, 1957.

Perls, Frederick, Ralph F. Hefferline & Paul Goodman. *Gestalt Therapy: Excitement and Growth in the Human Personality*. New York: Dell, 1951.

Von Bertalanffy, Ludwig. *General System Theory: Foundations, Development, Applications*. New York: George Braziller, 1968.

Weir, John. "The Personal Growth Laboratory." In K. Benne, L. P. Bradford, J. R. Gibb & R. D. Lippitt (Eds.), *The Laboratory Method of Changing and Learning: Theory and Application*. Palo Alto, CA: Science and Behavior Books, 1975.

Weisbord, Marvin R. *Productive Workplaces: Organizing and Managing for Dignity, Meaning, and Community*. San Francisco: Jossey-Bass, 1987.

Weisbord, Marvin R., and 35 international co-authors. *Discovering Common Ground: How Future Search Conferences Bring People Together to Achieve Breakthrough Innovation, Empowerment, Shared Vision, and Collaborative Action*. San Francisco: Berrett-Koehler, 1992.

Weisbord, Marvin R. *Productive Workplaces: Dignity, Meaning, and Community in the 21st Century* (3rd ed.). San Francisco: Jossey-Bass/Wiley, 2012.

Weisbord, Marvin, & Sandra Janoff. "Clearing the Air: The FAA's Historic Growth without Gridlock Conference." In B. B. Bunker & B. T. Alban (Eds.), *The Handbook of Large Group Methods: Creating Systemic Change in Organizations and Communities*. San Francisco: Jossey-Bass, 2006.

Weisbord, Marvin, & Sandra Janoff. *Don't Just Do Something, Stand There!: Ten Principles for Leading Meetings That Matter*. San Francisco: Jossey-Bass, 2007.

Weisbord, Marvin, & Sandra Janoff. *Future Search: Getting the Whole System in the Room for Vision, Commitment, and Action* (3rd ed.). San Francisco: Berrett-Koehler, 2010.

Wikipedia. "Virtual management." Retrieved May 5, 2015, from https://en.wikipedia.org/wiki/Virtual_management.

감사의 글

이 책을 쓸 수 있도록 영감을 주고, 확인을 요청할 때마다 언제나 흔쾌히 대답해주면서 우리에게 힘을 실어주었던 여러 리더들에게 감사를 표하고 싶다. 그들 가운데 특히 소피아 크리스티, 해롤드 클라크, 딕 하워드, 프라빈 메이든, 쥬벤시오 메이지투, 에이딘 맥긴리, 요한 알제크비스트, 조세핀 리드베리-듀몽, 페르닐 스피어스-로페즈, 마이크 워드, 데이브 위트웜에게 감사의 말을 전하고 싶다. 이들은 오랫동안 지속되어 오던 관행들을 자기들만의 방법으로 뒤집고, 자신들이 선택한 위험을 정당화하고도 남을 정도로 충분한 결과를 만들어냈다.

영국에 거주하고 있는 우리 동료인 쥴리 비던과 미국에 있는 게일 스캇은 간결하면서도 주제를 놓치지 않도록 우리에게 놀라운 피드백을 주었다.

Future Search Network의 프로그램 매니저인 샐리 사일리커도 우리가 감사해야 할 사람이다. 통제를 내려놓고 사람들이 자신의 최선을 다하게 하는 것이 가장 효과적인 전략임을 세계 곳곳에서 확인해준 많은 네트워크 회원들에게도 감사를 표하고 싶다.

결정적인 순간마다 많은 도움을 준 Berrett-Koeher 출판사 직원들, 특히 우리가 주장하는 원칙과 스킬을 옹호해준 스티브 피어산티에게도 고맙다는 말을 하고 싶다. 제인 케스퍼슨, 캐더린 에퍼슨, 얀 니커슨은 글의 명확성을 높이고 중요한 부분을 강조할 수 있도록 도움을 주었다. 게리 팔마티어는 중심주제를 깔끔한 디자인으로 강조해주었으며 엘리자베스 폰 레딕스는 독자들이 책을 쉽게 읽을 수 있도록 편집작업을 맡아주었다.

마지막으로, 언제나 그랬듯이 우리가 하는 일을 25년동안 지지해준 우리의 배우자인 도로시 바클레이 웨이스보드와 알란 코버닉의 사랑과 인내에 깊이 감사하고 있다.

저자 소개

10여년 전에 마빈 웨이스보드와 산드라 제노프는 미국 연방항공국 초대로 해결되지 않은 채 오랫동안 지속되어 온 상공에서의 항공정체 문제를 다루기 위한 컨퍼런스를 리드한 적이 있다. 비슷하게 진행했던 여러 회의와 마찬가지로 그 컨퍼런스 때문에 두 저자는 이 책을 쓸 생각을 하게 되었다. 그 프로젝트를 하면서 이들은 오랜 관행에 저항하는 리더들의 중요한 사례를 목격할 수 있었다. 수년동안 항공교통에 우선순위를 배정해온 관행은 항로 사용자들 사이에 불신의 근원으로 작용해왔다. 연방항공국의 리더십 팀은 이런 상황을 해결하기 위해 전례 없는 전략을 써 보기로 결정했다. 모든 관계자들이 말만 하는 것이 아니라 실제 콘서트 현장으로 뛰어 들어와 직접 연주하도록 자리를 만들기로 했다. 주요 항공사, 항공화물 운송회사, 조종사, 승무원, 승객, 군인, 안전 전문가, 관제사의 핵심 리더들을 이 컨퍼런스에 초대하였다. 첫날 오전 중반 무렵이 되자, 그동안 아무 결실도 없이 오랫동안 진행된 이런 회의에 실망한 한 항공사 임원이 벌떡 일어나서 말을 했다. "우리 모두 이 자리에 있습니다. 만약 우리가 이 문제를 해결하지 못하면, 어느 누구도 해결할 수 없습니다!" 그 말은 모든 참석자들에게 강한 충격과 반향을 불러 일으켰다. 그의 말이 끝나자 마자 참석자들은 최악의 위기를 방지하면서 시스템 전반을 개선할 수 있는 새로운 규정을 만들기 위해 회의를 지속해갔다.

산드라 제노프와 마빈 웨이스보드산

　이 책의 6장인 "반드시 참석해야 할 사람을 참석하게 하라"에 있는 이 이야기는 이 책 내용을 입증해주는 설득력 있는 많은 사례 가운데 하나이다. 웨이스보드와 제노프, 두 사람은 1980년대 후반에 만났다. 당시 그녀는 심리학 박사학위를 마쳤을 때이고, 웨이스보드는 "생산성이 높은 조직 Productive Workplace"의 초판을 끝냈을 때였다. 전임 사업담당 임원이자 작가였던 웨이스보드는 블록 페트렐라 웨이스보드 Block Petrella Weisbord 컨설팅 회사의 파트너였다. 제노프는 10여년간 도심과 교외에 있는 고등학교에서 학생과 교사로 구성된 연합팀과 함께 수학과 과학을 가르쳤다. 당시 그녀는 임상 전문가로서, 시스템 중심의 집단역학 전문가로서, 여성과 법에 대한 연구원으로서 새로운 경력을 밟아가던 중이었다. 두 사람은 자신들이 가지고 있는 배경의 차이에도 불구하고 비슷한 이론에 토대를 두고 각자의 영역에서 활동해왔다는 것을 알게 되었다. 그들의 차이점을 존중하면서도 그 차이점들을 통합해가는 학습을 통해 사람들이 더 나아질 수 있도록 도움을 주는 활동을 지속했다. 사람들에게 도움을 주는 방법들을 제노프는 심리학 영역에서, 그리고 웨이스보드는

저자 소개

비즈니스와 의료시스템 영역에서 적용하였다.

많은 컨설팅 프로젝트와 교육 프로젝트에서 20년이 넘는 기간 동안 두 사람은 서로 협력하면서 세계 여러 곳을 다니면서 전략기획 과정을 이끌기도 했다. 그들이 함께 활동했던 대상들을 보면, 이케아, 하워쓰, 홀푸드 마켓과 같은 기업조직도 있었고, 유엔개발 프로그램, 유엔어린이재단과 같은 NGO도 있었으며, 미국암협회를 포함한 비영리단체와 많은 정부기관과 지역사회도 있었다. 두 저자는 자신들이 사용했던 방법이나 원칙들을 여러 편의 논문과 저서를 통해 누구나 사용할 수 있도록 발표했다. 베스트셀러인 (Future Search, 1995, 200, 2010)와 (무턱대고 아무거나 하지 말고, 그 자리에 서있기만 하라, Don't Just Do Something, Stand There, 2007)를 포함하여 이들이 쓴 논문과 저서들은 조직의 리더들과 컨설턴트, 지역사회 리더들에게 많은 영향을 미쳤다.

이들은 1993년이 되면서 국제적인 비영리단체인 "Future Search Network"을 발족했다. 나중에 이 단체는 국제 조직개발 단체인 '조직개발네트워크(Organization Development Network)'로부터 '글로벌 활동상(2012)'과 'Share the Wealth'(2014) 상을 수상했다. 다양한 문화권에 있는 동료들과의 협력을 통해 일선의 리더들이 이 책에서 소개하는 8가지 스킬을 적용하게 하고, 그들의 반응을 통해 더 정교하게 다듬는 과정을 거치면서 어떤 리더도 이 스킬을 사용할 수 있다는 것을 확인할 수 있었다. 두 저자는 여섯 개 대륙에 있는 4,000명이 넘는 사람들에게 자신들이 사용한 방법들을 가르쳤고, 지금도 산드라는 그 일을 지속하고 있다.

마빈 웨이스보드는 1969년부터 1992년까지 기업과 의과대학, 대학병원을 대상으로 컨설팅을 수행했다. 그는 20년간 블록 페트렐라 웨이스보드 컨설팅 회사의 파트너로, 세계생산성과학원의 회원으로 활동했다. 현재 3쇄까지 출판한 〈생산성이 높은 조직, Productive Workplace, 2012〉은 이 분야에서 고전으로 여겨지고 있다. 마빈은 〈조직진단, Organizational Diagnosis, 29178〉과 〈공통지대 발견, Discovering Common Ground, 1992〉를 저술하기도 했다.

 산드라 제노프 박사는 글로벌 기업과 정부기관, 지역사회를 대상으로 컨설팅을 제공하고 있으며, 지금도 전략기획과 리더십 분야에서 여러 워크숍을 이끌고 있다. 윤리적 추론과 법학교육의 관계에 대한 그녀의 연구는 '미네소타 법률 리뷰'에 소개된 바 있다. 산드라는 '소그룹의 시스템이론'에 대한 논문의 공저자 이기도 하다.

 산드라는 이메일 sjanoff@futuresearch.net이나 전화 +1 610 909 0640을 통해, 마빈은 이메일 mweisbord@futuresearch.net을 통해 연락이 가능하다.

 워크숍에 대해 더 알고 싶으면 www.futuresearch.net나 이메일 fsn@futuresearch.net로 연락하면 필요한 정보를 얻을 수 있다.

 한국 내에서는 '얼라인드 앤드 어소시에이츠'에서 Future Search에 기반한 전략기획 워크숍을 다양한 기업들을 대상으로 활발하게 진행하고 있다.

옮긴이 후기

일을 하다 보면 자신이 원해서 어떤 일을 하게 되는 경우도 있지만, 예상조차 못한 상황에서 업무를 맡게 될 때도 있다. 25년이 넘는 기간동안 직장생활을 하면서 내게도 이런 기회가 몇 번 있었다. HP에서 근무할 당시 맡게 된 'Business Planning Manager'의 역할은 예기치 않은 인연으로 내게 왔다. 당시 HP는 '10 Step Business Planning Process'라는 전략기획 프로세스를 통해 모든 글로벌 조직이 중, 장기 사업계획을 수립하고 그에 따라 사업을 추진하고 있었다. 이 프로세스에서 내가 좋아했던 부분은 중, 장기전략 수립에 모든 부서가 참여하게 한 점이었다. 사장을 포함한 소수의 손에 의해 중, 장기 전략이 만들어지던 당시 상황(아직도 대부부분의 기업이 이렇게 한다)에 비해 HP가 취한 방식은 기분 좋은 낯설음이었다.

서로 다른 관점과 니즈를 가지고 있는 부서들이 한 자리에 모여 3년 또는 5년 후의 미래 모습을 정해 놓고, 그 시점에 이미 도달했다는 전제 하에 논의하는 그 자리에서 모든 의견과 관점을 존중하고 이해하기 위해 노력하는 모습은 신선한 충격이었다. 사장을 비롯하여 참여한 모든 임원들의 발언 파워는 거의 대등했다. 그 파워는 제시하는 의견이나 아이디어의 수와 깊이, 폭에 따라 정해질 뿐 직위에 따라 주어지지는 않았다. 독일인 사장은 그 원칙을 존중해주었고, 다른 임원들에게도 그런 존중을 요구했다. 얼마나 논리적이고 이성적으로 논의에 임했느냐 보다는 가슴 뜨겁게, 그리고 비전을 달성해야 한다는 열정으로 서로의 감정과 아이디어에 녹아 들었던 기억은 25년이 지난 지금도 가슴 밑바닥에 생생하게 남아 있다. 그렇게 서로의 가슴과 감정에 얽혀 들었던 순간들은 고스란히 실행단계에서 협력과 지원의 형태로 진화되어 조직의 혈관을 타고 모든 구성원들에게로 흘러 들어갔다.

누구의 통제도 없이 모든 참가자는 상황이 만들어내는 흐름에 온 몸을 싣고 흘러갔을 뿐이다. 강력한 리더십은 어디에도 없었다. 각자 자신의 경험에서 나온 통찰과 지혜에 따라 리더십을 발휘하면서 몰입해 들어갔고, 어느 순간 여러 개의 선으로 얽혀 있던 대화가 하나로 뭉쳐지면서 모두가 공감하고 동의하는 통찰이 나오곤 했다. 너무도 짜릿한 순간이었고 희열의 순간이었다.

HP를 떠나 다양한 고객사의 전략기획 프로세스를 '참여'에 원칙을 두고 진행해온 지도 벌써 10년이 넘었다. 어떤 조직들은 과거 내 경험과 비슷한 상황에 들어서기도 했지만 다른 어떤 조직들은 기존의 방식을 벗어나지 못하고 시작 지점에서 맴돌기만 한 곳도 있었다. 그렇지만 그 자리에 함께 했던 사람들은 다른 참가자를 통해 자신의 관점 이외의 관점을 접하게 되었고, 그것이 그들의 관점 변화의 시작점이 되었다.

대화가 진퇴양난에 빠져서 도저히 진행할 수 없을 것 같은 순간이면 어김없이 누군가 나서서 대화의 물꼬를 돌리면서 새롭게 논의에 불을 지피곤 했다. 권한을 가진 사람이 그것을 내려놓고, 모든 사람이 자신의 흐름에 따를 수 있는 안전한 환경을 마련해주고 그들에게 권한을 되돌려주면 참가자들은 예상조차 하지 않은 결과를 만들어내곤 했다. 매번 그런 일들은 일어났다.

놀랍게도 이 책의 두 저자도 내 경험과 다르지 않았다. 아주 상반된 이해관계를 가진 여러 그룹들이 한 회의실에 모여 논의를 할 때도 그런 순간들이 일어난다고 두 저자는 이 책에서 소개하고 있다. 'Lead'와 'Unlead'에 대해 생각하게 하는 이야기도 이 책에서 들어볼 수 있다.

아직 대부분의 조직은 수직적 조직도를 가지고 있다. 기술의 변

옮긴이 후기

화가 이런 조직형태를 바꿀 수밖에 없는 환경을 지속적으로 만들어주지만 아직까지도 대부분의 조직은 이런 조직운영 형태를 그대로 유지하고 있다. 왜 그럴까? 4차 산업혁명이란 말이 안 쓰이는 곳이 없을 정도인 지금도 왜 대부분의 조직은 그대로일까? 그에 대한 대답을 그동안의 프로젝트에서 찾아본다면… 경험의 부재도 한 몫 하는 것 같다. 한번도 본적 없고 해본적은 더더욱 없는 것을 어떻게 알 수 있다는 말인가? 알지 못하고 있다는 사실조차 모른 채 많은 조직들은 새로운 '앎'의 등장을 통제하고 조종한다. 그렇지만 일어나야 할 것이 일어나는 것을 통제할 수는 없다. 시기를 늦출 수는 있지만, 모든 일어나야 할 일은 일어나기로 되어 있다. 일어나고 있는 것을 거리를 두고 관찰하는 사람(Detached Observer), 이제 리더의 역할은 이 관찰자와 퍼실리테이터로 옮겨가야 한다. 통제는 줄이고 더 많이 리드하기, 이 책이 리더들에게 던져주는 교훈은 바로 여기에 있다.

이 책을 읽어가다 보면 독자들은 두 저자가 조직에 대해서만 말하는 것이 아니라 우리의 '존재하기(Being)'에 대해 깊은 뿌리를 두고 있다는 것을 알아챌 것이다. 사람을 과제로 대하지 않고 존재로 대할 때, 그들이 가진 많은 것들이 열매를 맺는다는 것을 여러 사례를 들어 설명하고 있다.

이 저자 가운데 한 명인 산드라가 진행하는 5일간의 워크숍에 참석한 나는 그 5일동안 이 책에서 말하는 일이 실제로 일어나는 것을 보았고, 또 참석자들로부터 들었다. 그리고 내가 수행한 프로젝트도 이들의 말을 확인해주고 있다.

이 책이 많은 리더들에게 익숙하지 않은 리더십을 시도해보고 경험해볼 수 있는 용기를 주고 새로운 기회를 만들어주기를 기대한다. 이 책의 사례들이 우리나라에도 많이 일어나고, 우리 조직문화의 변화에 씨앗이 되는 것, 가장 소원하는 것이다.

2018년 12월
이영숙, 김정수

옮긴이 소개

이 영 숙

현) Aligned & Associates 대표, 조직개발컨설팅/그룹 퍼실리테이션/임원코치
   국제퍼실리테이터협회 공인 퍼실리테이터

전) 국제퍼실리테이터협회 한국지부 대표
   한국MSD, 조직개발 및 사업개선 임원
   한국HP, 조직개발, 품질부서장, 사업기획담당 매니저 등 다양한 부서 경험
   한국외국어대 겸임교수, 이화여대 리더십개발원 지도교수

네덜란드 트웬테대학 박사과정 수료 (주제: 변혁적 리더십과 조직변화)
헬싱키경제경영대학원, MBA (국제경영 전공)

옮긴이는 구성원 참여를 통한 조직개발 활동, 변화관리와 비전/전략수립에 전문성을 가지고 활발하게 활동할 뿐만 아니라 조직 내 갈등상황 중재와 창의적 문제해결을 위한 워크숍을 디자인하고 퍼실리테이션을 수행하면서, 변화과정에 있는 임원들에게는 임원코치로서 변화관리를 지원하고 있다.

저서 : 성공하려면 루이비통을 버려라(2010), 파워코칭 27+3(2010)
역서 : 글로벌 노마드(2011), Google Way(2010), 리더가 넘어야 할 18개 산(2007),
       Creating We(2006)

김 정 수

현) Aligned & Associates, 그룹 퍼실리테이터/교육 퍼실리테이터
   국제퍼실리테이터협회 공인 퍼실리테이터

전) Toastmasters Leader

연세대학교 졸업
조지타운대학교/성균관대학교 TESOL Certificate 과정 수료
성균관대학교 TESOL 석사 취득

옮긴이는 다국적 기업들을 대상으로 리더십 스킬, 커뮤니케이션, 프레젠테이션 스킬, 논리적 사고, 창의성에 대한 강의를 활발하게 진행하고 있다.

마빈 웨이스보드와 산드라 제노프의 또 다른 저서
Future Search
비전, 헌신, 실행을 위해
시스템 전체를 한 자리에 참여하게 하기, 제3판

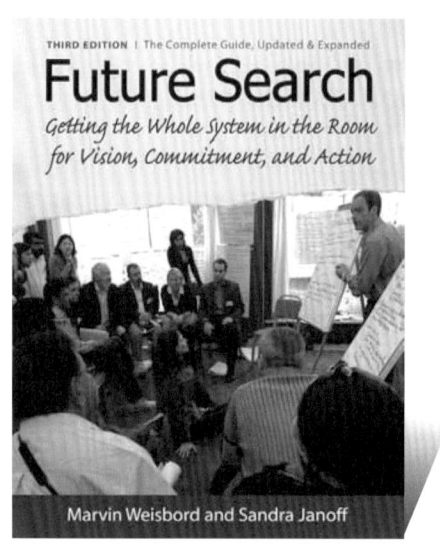

Future Search는 매년 때가 되면 세우는 그런 계획이 아니라 그보다 훨씬 야심찬 계획을 수립하고 그것을 실행으로 이어가게 해주는 가장 효과적인 계획수립 방법이다. 스웨덴 회사인 이케아가 제품 파이프라인을 재구성할 때 이 방법을 사용했고, 북아일랜드가 통합 경제개발계획을 수립할 때도 이 방법을 사용하였다. 남수단에서는 전쟁터에 동원되었던 어린 소년병들을 무장해제하여 가정으로 돌려보낼 때도 이 방법이 사용되었다. 이 방법은 조직개발 활동 영역에서 지금도 많은 컨설턴트와 퍼실리테이터들에 의해 활용되고 있다. 완전히 새롭게 개정된 제3판은 내용을 재구성하고 9개의 단원을 새로 추가하였다. 마빈 웨이스보드와 산드라 제노프는 Future Search의 후원자, 특별위원회, 참가자와 퍼실리테이터들에게 새로운 가이드를 제공해줄 뿐만 아니라 Future Search가 끝난 후에도 실행활동을 지속할 수 있게 해주는 아이디어도 이 책에서 제공하고 있다. 이 두 저자는 Future Search의 효과를 입증할 수 있는 근거를 제시하면서, Future Search와 다른 방식을 결합해서 사용하는 경우를 위한 조언, Future Search의 경제적인 효과와 가이드라인 등 많은 부분을 이 개정판에 새로 추가하였다. 또한 핸드아웃, 고객 워크북 샘플, 후속조치를 위한 방법과 같은 풍부한 자료들을 포함하여 실용적인 활용이 가능하도록 하였다.

종이책, 288페이지, ISBN 978-1-60509-428-1
PDF ebook ISBN 978-1-60509-429-8

Berrett–Koehler Publishers, Inc.
www.bkconnection.com   800.929.2929